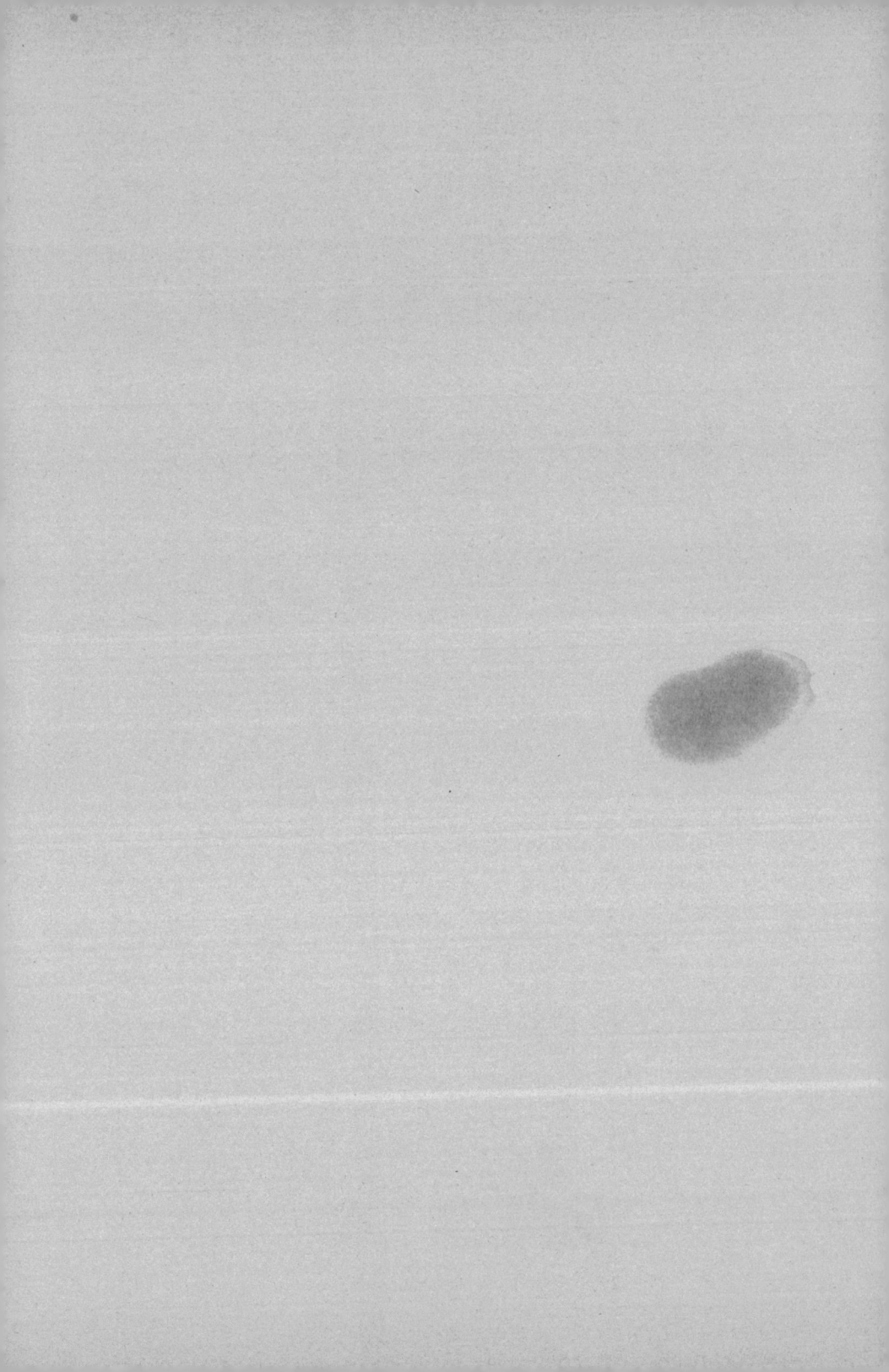

브로큰니스
BROKENNESS

브로큰니스
BROKENNESS

지은이 | 론 솔로몬
초판발행 | 2024년 7월 15일
초판 2쇄 | 2024년 8월 26일
발행처 | 국민일보
등록 | 제1995-000005호
주소 | 서울 영등포구 여의공원로 101
전화 | 02-781-9870
홈페이지 | www.kmib.co.kr

ISBN 978-89-7154-365-8(03230)

브로큰니스
BROKENNESS

Lon Solomon 지음
아우름 번역

한글판 독자에게 보내는 저자의 글

우리가 겪는 모든 고난은 하나님이 우리가 하나님께 더 가까이 갈 수 있도록 사용하시는 통로입니다. 내 삶에 있어서 나의 딸 질(Jill)은 그 통로였습니다. 질의 탄생이 우리 가족에게 가져다준 그 큰 기쁨은 질이 발작을 일으키기 시작하면서 꿈같이 사라졌습니다. 응급실에 수 없이 실려가고 입원하기를 반복하면서 진행된 그 질병은 나를 하나님 앞에 무릎 꿇렸고 기도하게 하였습니다. 이것은 이전과는 완전히 다른 모습이었습니다. 그 절망과 고통의 시간들 속에서 나는 보다 나은 사람, 남편, 아버지, 그리고 목사가 될 수 있었습니다. 왜냐하면 하나님께서는 질의 삶과 고통을 통해 내가 전에는 전혀 가능치 않다고 생각했던 방식으로 나를 낮아지게 만드셨기 때문입니다.

당신이 『Brokenness』에 담겨 있는 영적인 진리를 읽을 때, 하나님께서 당신의 마음과 눈을 열어 주셔서 당신의 고통과 절망과 깨어짐을 통해 얻게 될 좋은 것을 볼 수 있기를 기도합니다. 당신이 이 세상에서 어떤 일을 겪든지 하나님은 당신을 향한 계획과 목적을 갖고 계십니다. 그분의 말씀과 약속은 참되고 신실합니다.
나의 책 『Brokenness』가 한국어로 소개되는 것은 저에게 큰 영광이자 축복입니다. 이 책이 전능하신 하나님의 능력으로 그의 영광을 위하여 사용되어서 세상에서 아파하고 절망하는 사람들에게 전달되기를 기도합니다.
하나님의 축복이 당신과 함께하기를 빕니다.

론 솔로몬

하나님의 특별한 선물, 나의 딸 질(Jill)에게

감사한다, 다른 방법으로는 결코 배우지 못했을 교훈을
너로 인하여 배운 것을.
네가 내 삶에 있었기에 나는
더 나은 사람, 더 나은 남편,
더 나은 아버지, 그리고 더 나은 목사가 될 수 있었단다.

딸아, 고맙구나,
하나님이 네게 허락하신 그 삶을
그토록 엄청난 은혜와 열정으로 살아 주어서.
극심하게 어려운 상황에서도
꺾이지 않고 싸워 준
너의 용기와 의지에 깊은 경의를 표한다.

딸아, 나는 이 책의 모든 수익금을
너를 지지하고 너의 필요를 채우는 일에 바친다.

고난을 겪지 않은 모든 그리스도인에게는
큰 부족함이 있다.
어떤 꽃들은 상처를 입거나 멍이 들 때
향기를 발한다.
그리스도의 모든 상처는
슬픔의 향내를 발한다.
그리스도인의 모든 슬픔도
그러하다.

로버트 머레이 맥체인(Robert Murray McCheyne)

진리의 깃발 재단(Banner of Truth Trust) 발간 서적에서

목차

추천서: 팀 라헤이(Tim LaHaye) 박사 · 18

여정을 시작하며 · 23

1. 진짜 질문은 무엇인가? · 24

2. 모든 출애굽에는 모세가 필요하다 · 42

3. 우리 내면의 저항들 · 54

4. 깨어짐의 결과는 환영하지만 그 과정은 피한다 · 80

5. 하나님이 수비 라인에 구멍을 내시다 · 106

6. 결과는 과정을 감내할 가치가 있다 · 126

맺는 말: 저 높은 곳을 향하여 · 152

감사의 말 · 163

저자 소개 · 165

저자 서문

2004년 가을로 기억한다. 나는 카이로의 한 시장 거리에서 친구들과 커피를 마시고 있었다. 그 때 어린 이집트 소녀 하나가 내게로 다가왔다. 그 아이는 쥐고 있던 투명 코팅 카드를 내 손바닥에 조심스레 올려 놓았다. 카드에는 영어로 쓴 글귀가 보였다. 나는 아이와 아이가 건네준 카드를 번갈아 쳐다보았다: "나는 귀가 안 들리고 말을 못해요. 하지만 나는 자립하기 위해 학교에 갈 거예요. 제발 나를 도와주세요."

나는 주위에 있던 다른 사람들처럼 그 소녀를 무시할 수도 있었다 그러나 본능적으로, 주머니에 손을 넣어 이집트화 50파운드(미화 약 8달러)를 꺼내 그 아이의 때 묻은 손에 쥐어 주었다. 내가 손을 빼기도 전에 아이는 내 손을 잡고 입을 맞춘 후 몇 분 동안이나 자신의 얼굴을 내 손에 비비며 감사의 뜻을 표시했다.

내 앞에 무릎을 꿇고 있는 어린 소녀의 과분한 감사 표시에 나는 얼굴이 붉어지고 불편한 마음이 들었다. 내가 손을 떼려 하면 할수록, 그 아이는 더욱더 내 손을 감싸쥐었다. 그냥 돈 몇 푼이 아니라, 자신에게 도움이 되는 그 배려에 대해 말 대신 자신이 할 수 있는 감사의 표현 방식이었던 것이다. 내가 아쉬워했던 것은 그 아이에게 더 많이 베풀지 못한 것이다.

만약 1992년에 이런 일이 있었다면, 나는 많은 사람들이 그 아이에게 했던 것처럼 카드를 바로 돌려줬을 것이다. 하지만 여러분이 잘 알듯이 지난 12년 동안 나는 시장에서 만났던 그 아이 또래의 어린 소녀와 함께 살고 있다. 내 딸의 이름은 질(Jill)이다. 이집트 소녀가 나에게 그 카드를 건네는 순간 내 마음에는 질의 얼굴과 질이 겪어 왔던 고통들이 순간적으로 함께 겹쳐졌다.

이 책은 나와 질과의 극히 개인적인 관계에서 비롯된 것이다. 그 가르침은 깊은 고통의 불 속에서 얻어졌다. 내가 56년을 살면서 경험한 최악의 감정적 블랙홀의 밑바닥에서 하나님은 나에게 이 책의 진리를 깨우쳐 주셨다. 이 책에 담긴 원리들은, 다윗이 시편 19편 9절에서 말한 것처럼, 확실하고 신뢰할 수 있음을 보증한다. 왜냐하면, 내가 바로 그 삶을 살아 왔기 때문이다.

나의 아내 브렌다(Brenda)와 나는 항상 딸을 원했다. 아내가 마흔이 되었을 때, 우리에게는 건강하고 멋진 아들이 셋이나 있었지만, 딸은 없었다. 그래서 '주님이 우리에게 딸은 안 주시는구나'하고 체념하고 있었다. 그러던 어느 날, 아내가 넷째를 가졌다는 반가운 소식을 전해 주었다. 전혀 예상치 못했고 계획에도 없던 일이었기에 뱃속의 아이가 딸이라는 사실을 알았을 때, 우리는 정말 뛸 듯이 기뻤다.

생후 첫 3개월 동안 딸아이는 지극히 정상이고 건강했다. 그러나 그때쯤 우리는 질의 양쪽 팔에 문제가 있음을 발견했다. 양팔에 경련이 일어났고 우리는 질의 병이 국소 발작이란 것을 알게 되었다. 내일은 또 무슨 일이 질에게 일어날지, 우리는 두렵고 걱정스런 가운데 하루하루를 보냈다. 우리는 죽을 힘을 다해 기도했지만, 결국 최악의 상황이 발생했다. 아이의 국소 발작은 전신 대발작으로 악화되어 갔다. 질이 한 살쯤 되었을 때 하루에도 몇 번씩 큰 발작을 겪는 상황이 지속되었다.

우리는 수많은 의사들을 만났고 가능한 모든 종류의 약을 시도했지만 아무 것도 효과가 없었다. 전문가들은 존스홉킨스 병원이 개발한 고지방 다이어트인 케톤 생성 식이요법을 시도해 볼 것을 제안했다. 그런데도 발작이 계속 일어났다. 어떤 때는 하루에 12번씩이나 큰 발작을 일으키기도 하였다 (역자 주: 대부분의 소아 뇌전증은 약물치료만으로도 조절이 될 수 있지만, 그중 20 내지 30%는 약물치료로 경련발작이 조절되지 않는 난치성 뇌전증으로 발전하게 된다. 이러한 난치성 뇌전증에 대해 현재 시도되는 치료법 중 하나가 바로 케톤 생성 식이요법이다.).

구급대원들의 이름을 다 알 정도로 구조대가 우리 집에 하루가 멀다 하고 자주 출동하는 상황이 되었다. 그들은 신고를 받는 즉시 달려와 딸의 팔에 발륨 점적을 정맥 주사한 후, 아이를 응급실로 급히 태워 가곤 했다. 병원에 도착하면 의사들은 질을 침대에 누이고는, 우리가 볼 수 없도록 커튼을 쳤다. 우리는 커튼 뒤에서 무슨 일이 벌어지는지 알지 못한 채, 밖에서 기다릴 수밖에 없었다. 우리는 질이 생명을 유지할 수 있도록 잘 버텨 주기만을 바라면서 울며 간절히 기도했다.

어떤 때는 질의 상태가 너무나 심각해서 소아병동 중환자실에 며칠 동안 입원해야만 했다. 아내와 나는 질과 함께 있기 위해 치료 병동 대기실 의자에서 잠을 청하며 지냈다. 질이 첫 추수감사절을 맞게 된 날 질은 무려 19번의 큰 발작을 일으켰다. 우리는 추수감사절 연휴 기간 내내 질과 함께 병원에서 지내야 했다.

2000년에는 걷잡을 수 없는 발작으로 생긴 발진으로 아이가 거의 죽을 뻔한 상태에까지 이르렀고, 아내와 나는 무거운 마음으로 딸의 장례식을 준비하기까지 했다. 정말이지 수많은 위급 상황을 버티며 질은 살아남았다. 그러나 걷거나 스스로 일어서지 못할 뿐 아니라, 심지어 의자에 앉아 있을 수도 없었다.

질은 그때까지 약 6천 번의 발작을 겪었다. 이러한 발작으로 인해 뇌가 심각한 손상을 입었고 이 때문에 심각한 정신 지체 상태가 되었다. 무엇보다 실망스러웠던 사실은 질을 치료했던 의사들 중 그 누구도 정확히 무엇이 문제인지 말해 주지 못했다는 것이다. 한 의사는 이렇게 말하기도 했다: "글쎄요, 아이가 심한 발작 장애가 있네요."

하나님의 놀라운 긍휼에 힘입어 마침내 우리는 존스홉킨스 병원의 케네디-크리거(Kennedy-Kreiger) 유전자 연구소에서 리차드 켈리 박사(Dr. Richard Kelley)를 만났다. 켈리 박사는 딸의 상태를 진단하고는 바로 "뭐가 문제인지 알겠어요. 질은 미토콘드리아 질병을 앓고 있습니다"라고 말했다. 그의 진단에 따르면 질은 신체가 필요로 하는 충분한 에너지를 생산하지 못하는 유전적 문제를 갖고 있으며 그로 인한 주요 증상 중의 하나가 엄청나게 많은 발작이라는 것이다. 켈리 박사는 "마치 뇌가 잘 연소되지 않는 연료로 작동하는 것과 같기 때문에, 쿵쾅거리고 발작을 일으키는 것입니다"라고 설명했다.

비록 질의 장애를 고칠 수는 없지만, 에너지 강화 비타민과 항산화제 혼합물을 통하여 관리해 나갈 수는 있을 것이라고 켈리 박사는 덧붙였다. 2000년에 이 요법을 시작했는데, 그 이후 질의 상태는 기적적으로 좋아졌다. 하루에 거의 12번씩 발작을 하던 상태에서 2 내지 4주에 한 번 정도로 발작 횟수가 줄어들었다. 질은 다행히도 모든 동작 기능을 되찾았고 몇 가지 새로운 기술을 익히기 시작했다.

그럼에도 불구하고, 수천 번의 발작으로 인해 뇌가 손상되면서 질은 심각한 장애를 갖게 되었다. 한때 가지고 있었던 말하기 능력을 잃었고, 지금은 언어 능력을 완전히 상실했다. 배변 훈련이 불가능하고 스스로 옷을 입지도 못한다. 가족을 알아보기는 하지만 간단한 지시어조차 이해하지 못하고, 아주 기초적인 개념조차 파악하지 못한다. 밤에 잠을 자다 이불을 걷어차면, 담요를 끌어당겨서 다시 덮을 줄을 몰라 옆으로 쪼그리고 누워 계속 떨게 된다. 추운 날씨에 밖에 나가서 추위를 느끼더라도, 코트를 입으면 몸이 따뜻해진다고 생각할 줄을 모른다.

질은 위험에 대한 개념이 없기 때문에, 그녀를 보호하기 위해 누군가는 평생 동안 매일, 매 순간 그녀를 지켜봐야 한다. 주님의 기적과는 별개로, 아내와 나는 우리가 세상을 떠나는 순간까지 질을 곁에서 돌볼 것이다.

딸의 질병이 우리 삶에 끼친 영향은 엄청났다. 우리는 어린 딸이 극심하게 고통받는 것을 무기력하게 그저 지켜봐야만 했다. 우리는 육체적, 정서적 탈진 상태를 경험했다. 1992년부터 2000년까지 8년 동안 딸아이는 밤새 중간에 깨지 않고 잠을 잔 적이 없었다. 질은 밤새 발작을 일으키곤 했는데, 그럴 때마다 매 시간 치료를 받거나 아니면 응급실로 실려 갔다. 우리는 그 기간 동안 지치고, 기진맥진한 상태였으며 그야말로 걸어다니는 좀비였다.

여기에 더해, 우리에게는 돌봐야 할 세 아들이 있었다. 딸이 태어났을 때 제이미(Jamie)는 열네 살, 저스틴(Justin)은 열한 살, 그리고 존(Jon)은 여섯 살이었다. 우리의 시간과 에너지를 딸 아이에게 모두 쏟아붓고 나면 세 아들에게 줄 수 있는 것이 거의 없었다. 그럼에도 우리는 아이들의 야구 경기에 참석하거나 숙제를 도와주고, 함께 게임을 하거나 휴가를 보내고 영적 생활에 참여하며, 세 아들의 10대 시절을 응원하기 위해 최선을 다했다. 그러나 우리는 항상 그들에게 제대로 도움을 주지 못한다고 느꼈다. 이로 인한 우리의 죄책감은 아주 컸다. 우리는 모두 완전히 패배한 듯 느꼈고, 터널 끝에 빛은 전혀 없었다.

그런 다음에는 한없는 슬픔이 몰려왔다. 바로 어린 딸에 대한 우리의 꿈과 계획이 사라져 가는 것을 지켜봐야 하는 슬픔이었다. 아내와 딸이 옷을 사러 깔깔대며 함께 쇼핑몰을 가는 일은 없을 것이다. 피아노 레슨, 댄스 레슨, 첫 데이트, 졸업 파티 그리고 운전을 가르치는 일도 없을 것이다. 나는 딸의 손을 잡고 결혼식장에 함께 입장하거나, 딸이 엄마가 되는 것을 결코 지켜볼 수 없을 것이다.

또한, 우리 자신의 삶에 대한 모든 꿈들도 결코 성취되지 않을 것이다. 브렌다와 둘만 여행하고 아이들의 방해 없이 우리 둘만의 오붓한 시간을 즐길 수 있는 기회는 더 이상 없을 것이다. 예정에 없던 외식을 하러 나가거나 심야영화를 보기 위해 영화관으로 달려가는 일도 없을 것이다. 50대와 그 이후의 삶에 대해 우리가 꿈꿔온 계획들은 이제 영원히 사라졌다. 우리의 미래를 잃게 되는 것은 우리가 완전히 부숴지는 타격이었다. 우리 부부 생활에 대한 압박은 때로는 견디기 어려울 정도였다.

그래서 나는 몇 가지 어려운 질문을 하기 시작했다. 이 모든 것에서 하나님은 어디에 계시는가? 내가 신실하게 하나님을 섬기려고 애쓰고 있는 때에 하나님은 왜 나에게 이런 일이 일어나도록 내버려 두시는가? 하나님이 정말로 이 고통에 관여하고 계시는가? 아니면 나는 단지 이러한 상황에 내던져진 것인가? 나는 로마서 8장 28절에서 하나님이 그를 사랑하는 자들의 선을 위하여 일한다고 말씀하시고 있음을 안다. 그러나 브렌다와 내가 겪고 있는 이 고통 속에서 무슨 선한 것이 나올 수 있을까? 비록 그것이 무엇인지 알 수는 없지만, 나는 하나님이 나를 벌하실 만한 심각한 죄를 내 삶 가운데 범한 나쁜 그리스도인인가? 나는 정말 그리스도를 따르는 사람인가? 나는 지금까지 나를 속여 왔는가? 나의 믿음이 부족한 것인가?

이 책은 12년에 걸쳐 내가 하나님에게 부단히 던졌던 질문과 그 질문에 대한 답을 찾기 위한 말씀 연구, 그리고 약속하신 대로 하나님이 우리의 고통을 속량하시고 그것을 선으로 바꾸시는 것을 지켜본 결과물이라 할 수 있다. 나는 하나님이 우리 가족이 경험한 시련으로부터 우리를 구하시는 것을 보았다. 12년 전에는 상상도 할 수 없었던 방식으로 말이다.

딸아이의 장애는 아버지로서 그리고 남편으로서의 나를 결정적으로 변화시켰다. 오늘날, 아내와 나는 훨씬 더 견고한 부부 생활을 하고 있다. 그리고 장애우와 그 가족을 위로하는 데 있어 깊은 통찰력을 가진 보다 나은 목회자가 되도록 만들었다. 아내와 나는 우리의 남은 생애 동안 딸아이를 변함없이 섬길 것이다. 부담이 아닌 특권으로 여기면서 말이다.

나는 하나님의 깨뜨림에 대해 배웠고 깨뜨림의 능력을 직접 이해하게 되었다. 그리고 만약 내가 이 책에 담긴 깨어짐의 원리를 알았더라면 지난 12년 동안의 시간을 훨씬 더 큰 희망과 확신을 갖고 살았을 것이며, 영혼의 고통이 훨씬 적었으리라는 사실을 깨닫는다.

당신이 그리스도를 따르는 사람이고 깊은 고통과 아픔의 시간을 지금 겪고 있다면, 하나님이 우리를 온전히 사용하시기 전에 우리를 깨뜨리시는 이유를 이해하는 데 이 책의 메시지가 도움이 될 것이다. 그것이 당신에게 고난 가운데에서도 희망과 위안을 줄 것이라고 믿는다. 나는 이 책이 지금 당신에게 일어나고 있는 일에 대하여 성경적이며 오랜 기간에 걸쳐 검증된 영적 관점을 제공하기를 기도한다.

다윗이 시편 23편에서 말했듯이, 이 책이 당신의 영혼을 소생시키기를 바란다.

론 솔로몬
2004년 11월 4일

추천서

팀 라헤이 (Dr. Tim LaHaye) **박사**

오래 전 스키 여행을 하던 중 막내딸이 넷째 아이를 출산했다는 기쁜 소식을 들었다. 아내 비벌리(Beverly)와 나는 정말로 황홀했다. 이틀 후, 막내딸 로리(Lori)가 다시 전화를 했는데, 이번에는 딸의 어조가 완전히 바뀌어서 주체할 수 없이 울고 있었다. "스티븐(Stephen)이 다운 증후군 진단을 받았어요." 말할 것도 없이, 그 순간부터 딸의 삶은 사위(기독교 학교 교장이었다)와 그들의 다른 세 자녀의 삶과 함께 영원히 바뀌었다.

딸은 눈물을 흘리며 이런 상황에서 제기되는 가장 흔한 질문을 던졌다. "아빠, 왜 나야?" 나는 이미 하나님께 똑같은 것을 속으로 묻고 있었다. "주님, 왜 제 딸입니까?" 로리와 사위는 둘 다 하나님께서 가르쳐 주신 대로 인생이라는 게임을 해 왔다. 그들은 지역 교회에서 활동적이었고 자녀들을 주님께 드렸다. 그들은 둘 다 기독교 학교 졸업생이었다. 그들은 카운슬러로 참여하였던 기독교 여름 캠프에서 만났다. 둘 다 기독교 학교에서 가르쳤다. 무엇보다 그들은 마음을 다해 주님을 사랑했다. 주님께서는 왜 그들에게 이런 일이 일어나도록 내버려 두셨다는 말인가?

지난 37년 동안 목회자로서, 나는 나 자신뿐만 아니라 비슷한 비극을 경험하는 교인들을 위해 그 질문에 대답해야 했다. 사실, 거의 모든 사람이 언젠가는 극한의 아픔과 손실의 상황들에 직면해야 한다. 나는 이 놀랍고 감동적인 책의 저자인 론 솔로몬이 이 난해한 질문에 답을 줄 수 있는 특별한 자격이 있다고 믿는다. 그는 워싱턴 D.C.에 있는 매우 영향력 있는 교회의 목사이며, 그 역시 인생의 아픔들을 직접 경험했다.

론 솔로몬은 나와 마찬가지로 성경이 삶의 문제에 대한 해결책을 가지고 있다고 믿는다. 뛰어난 성경 교사로 알려진 그는 일상 생활에서 하나님의 말씀을 실제적으로 적용하는 것으로도 유명하다. "브로큰니스(Brokenness, 깨어짐)"에서 론 솔로몬은 다음과 같은 난해한 질문들에 대하여 성경적 답변을 제공한다: 하나님은 실제로 그를 믿는 자들의 삶에 문제와 고통을 보내시는가, 아니면 단순히 수동적인 관찰자이신가? 하나님은 죄에 대한 형벌로서 고난을 보내시는가? 하나님은 사람들에게 질병을 주시는가, 아니면 단순히 질병을 허용하시는가? 결국, 우리가 겪는 고통의 책임은 누구에게 있는가, 하나님인가 사탄인가?"

분명히, 우리는 하나님에 대해 무엇을 믿느냐에 따라 그분과 우리의 관계에 큰 영향을 받는다. 그러므로, 우리 각자는 하나님의 참된 본성에 대하여 성경적으로 올바른 시야를 갖는 것이 중요하다. 나는 이 책이 하나님의 방식에 대해 인생을 변화시키는 중요한 통찰력을 제공한다고 생각한다. 동시에, 이 책은 오랫동안 오도되고 틀리게 가르쳐져 온 잘못된 지식을 바로잡아 준다.

이 책은 이 세상의 고통과 고난을 경험하고 "하나님, 왜 나입니까?"라고 묻는 사람들에게 정말로 가치있고 유용한 자료가 될 것이다.

브로큰니스 BROKENNESS

저자의 노트

론 솔로몬으로부터

이 책은 예수 그리스도를 본인의 주님이자 구세주로 믿기로 결심한 사람들을 위한 책이다. 아직 그렇게 하지 않으신 분들에 대해서는, 맥클린 바이블 처치(McLean Bible Church) 웹사이트를 방문해서(www.mcleanbible.org) 유대인인 제가 예수님을 메시아로 믿게 된 이야기를 들어보기를 권유한다.

나는 당신의 삶 속으로 그리스도를 초청할 수 있기를 적극 권유한다. 1971년에 내가 그랬던 것처럼 그에게 당신의 삶을 드리라고 촉구하고 싶다. 그것은 내가 내린 최고의 결정이었고, 그것은 내 삶을 매일 아침 일어날 만한 가치가 있는 것으로 바꾸어 놓았다. 예수께서는 요한복음 10장 10절에서 말씀하신 것처럼 자신을 따르는 사람들에게 단순한 삶이 아니라 풍성한 삶을 주신다.

한 사람이 예수님을 인격적인 구원자로 영접하면 우주의 살아 계신 하나님과 깊고 풍부하며 친밀한 관계가 가능해진다. 깨어짐은 하나님과 그러한 관계를 맺기 위해 우리가 걸어야 할 길이다.

이 개념을 이해하고 있는지 확신이 서지 않거나 동의하고 있는지 확실하지 않다면, 이 책을 계속 읽어 보기 바란다.

· 제1장 ·

진짜 질문은 무엇인가?

상처받은 형제, 상한 갈대를 칭송한다오.
십자가 위의 그리스도가 결코 멀지 않기 때문에.
모든 고난 속에서 나는 신성하고 감미로운 어떤 것을 느낀다오.
그것이 십자가 위의 그리스도와 닮았기 때문에.

로버트 머레이 맥체인 (Robert Murray McCheyne)
~진리의 깃발 재단 (Banner of Truth Trust)~

나는 사무실에서 젊은 부부가 그들이 처한 상황을 설명하는 것을 조용히 듣고 앉아 있었다. 그들은 최근에 많은 장애를 안고 태어난 자녀에 대해 이야기했다. 의사들의 예측은 암담했다. 이제 막 태어난 그 아이는 정신적으로, 육체적으로 평생 심각한 장애를 겪을 것이라고 했다.

그들은 서로 손을 잡은 채 힘겹게 말을 이어갔고, 종종 한 명이 목이 메어 말을 할 수 없을 때는 상대에게 대신 말하라고 했다. "론 목사님, 왜 하나님이 우리에게 이런 일이 일어나도록 허락하셨을까요?" 젊은 아내가 물었다.

그녀의 남편은 "저희 두 사람은 그리스도께 저희 삶을 바쳤습니다. 하나님을 섬기려고 노력했고, 신실하게 하나님의 일에 헌신했습니다. 날마다 하나님께 순종하는 삶을 살기 위해 노력해 왔습니다. 하나님이 왜 이런 고통을 저희에게 주시는지 이해가 되지 않습니다."라고 말했다.

그 부부는 그들의 혼란과 고통에 대한 설명이 담긴 납득할 만한 대답을 기대하며 눈물 가득한 눈으로 나를 바라보았다. 이러한 상황이 나에게는 낯설지 않은 장면이었다. 25년 이상 목회자로 일하는 동안, 나의 사무실을 방문했던 내가 기억하는 사람들보다 더 많은 사람들이 이러한 질문을 했다.

이 부부의 질문은 "왜 하나님은 이 세상에 있는 사람들에게 고난과 고통을 보내시는가?"가 아니었음을 주목한다. 그리스도를 따르는 대부분의 사람들은 성경에 있는 하나님의 변하지 않는 진리 중 하나가 "사람이 심은 대로 거둔다"(갈 6:7 하반절)는 것을 알고 있다. 따라서, 만일 고난과 고통을 초래한 이유가 그들의 어떤 잘못된 행동이라고 한다면, 그리스도를 따르는 대부분의 사람들은 잘못된 행동으로 인해 고통당하는 것을 타당한 것으로 받아들일 것이다. 간단히 말하면 그들은 단지 그들의 행동에 따른 인간적인 결과, 즉 성경이 그들에게 경고한 결과를 겪고 있을 뿐인 것이다. 또한 그리스도를 따르는 대부분의 사람들은 다른 사람들의 삶에 나타나는 고난과 고통에 대하여도 쉽게 같은 원리를 적용한다.

다시 말하면, 그리스도를 따르는 사람들은 히브리서 12:4-11에서 말하는 것처럼, 때때로 하나님이 그의 자녀들을 징계하신다는 것을 우리는 알고 있다. 즉, 어떤 상황에서 우리에게 주어지는 고통은 하나님이 우리 삶의 어떤 영역에 문제가 있음을 상기시키려는 것일 수도 있다. 다시 말해서, 하나님이 우리가 회개하고 행동을 바꾸게 하시려고 우리 삶의 어떤 영역을 직접적으로 징계한다고 볼 수 있는 것이다. 우리가 그 문제가 있는 삶의 영역이 어떤 것인지 알 수 있다면, 혹은 누군가가 그 영역을 알려줄 수 있다면, 고난과 고통을 겪는 이유에 대하여 타당한 답을 어렵지 않게 얻을 수 있을 것이다.

그러나 나의 사무실을 방문한 부부에게 문제의 시작은 바로 이 점에 있었다. 그들은 자신들의 삶을 아무리 주의 깊게 살펴봐도 이 두 가지 측면에서 어떤 문제도 발견할 수 없었던, 그리스도를 진실하게 따르는 사람들이었다. 그들이 아는 한, 그들은 자신들이 겪고 있는 그 엄청난 고통을 초래할 만한 행동들을 하지 않았다. 또한 하나님의 징계가 필요할 정도로 어떤 반항적인 불순종이나 적대감을 갖지 않았다.

그럼 그들이 자신들을 속이고 있었고 실제로 그들의 삶에 심각한 영적 문제가 있었을 가능성이 있을까? 물론 그럴 수도 있다. 그러나 또한 그들이 진실을 말하고 있었고 자신들에 대한 평가가 옳았을 수도 있다.

그들의 평가가 옳았다면, 즉 그들에게 끔찍하게 나쁜 결과를 초래할 만한 행동이나 하나님의 엄격한 징계를 받을 만한 반항적인 태도가 없었다면, 그들의 다음 질문에 대한 답은 무엇일까?: "왜 하나님은 이러한 일이 우리에게 일어나도록 허락하시는가?"

이 부부의 질문에 답하기 전에 우리는 먼저 중요한 신학적 주제를 다뤄야 한다. 다시 말해, 그리스도를 따르는 자들의 삶에 찾아오는 아픔, 심적 고통, 그리고 부정적 상황들에 대한 하나님의 역할은 무엇인가? 하나님은 실제로 그리스도를 따르는 사람들의 삶에 문제와 고통과 비극을 보내는 분이신가, 혹은 이러한 사건이 우리에게 닥쳤을 때 우리를 돕기 위해 개입하는 단순한 수동적 관찰자이신가?

많은 설교자들과 신학자들은 하나님은 그를 따르는 사람들에게 부정적인 것들을 보내는 데 적극적으로 참여하지 않으신다고 주장한다. 그들은 "온갖 좋은 은사와 온전한 선물이 다 위로부터 빛들의 아버지께로부터 내려오나니"(약 1:17)라는 성경 구절에 의지한다. 오히려 우리의 삶에 영향을 미치는 모든 악한 사건은 마귀에게서 온 것이라고 말한다. 그들은 하나님이 하시는 일은 악마가 이러한 악한 일을 하도록 허락하는 것이라고 주장한다.

이 신학적 관점에 따른다면, 하나님은 이러한 악한 것들로부터 우리를 구원하겠다고 제안하신다. 그러나 이 경우에 하나님이 친히 그 악한 것들을 보내거나 주관하지 않으시기 때문에, 왜 그러한 것들이 그리스도를 따르는 우리들의 삶에 들어왔는지에 대한 영적인 이유를 찾는 것은 시간 낭비일 뿐이다. 간단히 말하면 사탄이 신자들인 우리를 미워하고 우리를 멸망시키려 하기 때문이라는 것이다.

이 신학적 관점에 따르면, 그 부부가 제기한 질문에 대한 대답은 다음과 같다:

- 하나님이 아니라 사탄이 당신의 믿음을 해치고 하나님에 대한 사랑을 손상시키기 위해 이 상황을 보낸 것이다.
- 하나님은 장애 아이를 당신에게 보내는 데 직접적인 역할을 하지 않으셨다.
- 인간적 비극에 수반되는 영적 목적은 없다.
- 만약 하나님이 당신의 자녀를 치유하지 않으신다면, 당신들과 자녀를 통해 로마서 8장 28절을 성취하시는, 모든 것을 선으로 바꾸실 하나님을 신뢰하기만 하면 된다.

이러한 신학적 관점은 몇 년 전 랍비 해롤드 쿠슈너(Rabbi Harold S. Kushner)가 쓴 책 "왜 나쁜 일이 착한 사람에게 일어나는가(Why Bad things Happen To Good People)"에서 대중화되었다. 이 책에서 랍비 쿠슈너는 사람들의 삶을 공격하는 비극적인 상황에 있어서 하나님은 본질적으로 '관여하지 않는 방관자'라고 말한다. 하나님은 이러한 상황을 계획하지 않으셨고 승인하지도 않으셨다는 것이다. 하나님의 역할은 이러한 나쁜 일이 우리 삶에 들어올 때 우리를 돕고 지원하는 것이라고 한다.

그러나 전능하신 하나님이 우리의 비극과 슬픔과 좌절에 어떻게 관여하시는지 대한 이러한 신학적 이해가 나는 성경적으로 전혀 맞지 않는다고 본다.

욥기는 우리에게 무엇을 가르치는가?

욥기 1장과 2장은 하나님과 사탄이 하나님을 따르는 자들의 삶 속에 나타나는 악한 상황과 어떻게 관련되는지를 성경 중에서 가장 계시적으로 표현하고 있다.

이 이야기는 많은 사람들에게 친숙한 내용이지만, 그래도 한번 검토해 보겠다. 욥은 신앙적인 사람이다. 그는 "순전하고 정직하여 하나님을 경외하고 악을 멀리하는 사람"(욥 1:8 하반절)이다. 그래서 하나님은 욥의 삶을 크게 축복하셨다.

어느 날 사탄이 하나님 앞에 왔을 때 하나님은 하나님에 대한 욥의 헌신에 대해 사탄에게 자랑하셨다. 사탄은 이렇게 말한다:

> "욥이 어찌 까닭 없이 하나님을 경외하리이까? 주께서 그와 그의 집과 그의 모든 소유물을 울타리로 두르심 때문이 아니니이까? 주께서 그의 손으로 하는 일을 복되게 하사 그의 양 떼와 소 떼가 온 땅에 퍼지게 하셨나이다. 그러나 이제 주의 손을 펴서 그의 모든 소유물을 치소서. 그리하시면 그가 반드시 주를 향하여 저주하지 아니하리이까."(욥 1:9-11)

여기에서 사탄은 하나님에 대한 욥의 헌신을 시험해 보자고 하나님께 요청했다. 여기에서 욥이 당한 시험의 정확한 성격은 우리가 논의하고자 하는 주제가 아니다. 우리의 관심 주제는 이 시험의 일부로 사탄이 욥에게 가하도록 허용된 비극과 손실에 대하여 하나님이 어느 정도로 개입하셨는가이다.

사탄의 도전에 하나님이 어떻게 반응하시는지 살펴보자.

"그런즉 욥의 모든 소유물을 네 손에 붙이노라. 그러나, 그의 몸에는 손을 대지 말지니라. 이에 사탄이 여호와 앞에서 물러가니라." (욥 1:12)

사탄은 즉시 상황을 전개시켰다. 욥의 농장 동물들과 낙타들이 강탈당하고, 그의 종 한 명을 제외한 모든 종들이 사바인과 갈대아인 강도 떼에게 죽임을 당했다. 더구나 욥의 모든 자녀들이 식사하던 집이 악천후로 무너져 그들이 모두 죽었다.

그러나 성경은 욥이 계속 하나님을 신뢰하였다고 말한다. 그래서 사탄은 하나님께 돌아와서 욥에게 더 큰 고난과 고통을 가할 수 있도록 허락하여 주실 것을 요청했다.

"가죽은 가죽으로 대신할 수 있습니다. 사람은 자기 생명을 지키는 일이면 자기가 가진 모든 것을 버립니다. 이제라도 주님께서 손을 들어서 그의 뼈와 살을 치시면, 그는 당장 주님 앞에서 주님을 저주하고 말 것입니다."

다시 한 번, 하나님이 이러한 사탄의 요구에 어떻게 대응하시는지 보자.

"여호와께서 사탄에게 이르시되 '내가 그를 네 손에 붙이노라. 그러나 오직 그의 생명은 해하지 말지니라.' 사탄이 이에 여호와 앞에서 물러가서 욥을 쳐서 그 발바닥에서 정수리까지 악창이 나게 한지라."(욥 2:6-7)

욥기 1장과 2장에서 우리가 생각해야 할 중요한 점은 다음과 같다:
- 욥에게 실제로 비극과 손실을 입힌 것은 사탄이었을 것이다.
- 이런 식으로 욥을 학대하고 상처를 입히는 것은 사탄의 욕망과 생각이었을 것이다.
- 이 모든 일을 행하여 하나님에 대한 욥의 신뢰를 무너뜨리려는 것이 사탄의 의도일 수 있다.
- 사탄이 그의 계획을 수행하는 데 사용한 것은 강도 떼와 악천후 같은 세상의 도구였을 수 있다.
- 그러나 전능하신 하나님 자신이 먼저 검토하고 승인하지 않은 채 욥에게 행해진 일은 없었다.

또한 하나님은 사탄이 욥의 삶에 초래한 부정적인 상황을 승인하셨을 뿐만 아니라 이러한 상황의 분명한 경계들까지도 설정하셨다는 점을 유의해 보자. 이것은 욥의 삶에서 일어나고 있는 일을 궁극적으로 주관하신 분은 사탄이 아니라 하나님이셨음을 알려 주기 때문에 매우 중요하다.

또한 욥이 자신의 손실에 대해 언급한 것을 살펴보면, 이러한 상황을 자신의 삶에 보내신 분은 하나님이신 것으로 생각하고 있음이 분명하다.

모든 짐승과 종과 자녀를 잃은 것에 대해 욥은 이렇게 말했다.

"모태에서 빈손으로 태어났으니, 죽을 때에도 빈손으로 돌아갈 것입니다. 주신 분도 주님이시요, 가져가신 분도 주님이시니 주님의 이름을 찬양할 뿐입니다."(욥 1:21)

욥은 건강이 나빠졌을 때 "우리가 누리는 복도 하나님께로부터 받았는데, 어찌 재앙이라고 해서 못 받는다 하겠소"라고 말했다(욥 2:10). 그는 또한 "하나님이 나를 죽이려고 하셔도, 나로서는 잃을 것이 없다. 그러나 내 사정만은 그분께 아뢰겠다."(욥 13:15)고 말했다.

이러한 진술을 살펴보면 욥이 하나님을 자신의 고난의 근원으로 보고 있다는 것이 명확하다. 그는 이러한 큰 손실이 하나님의 주권적인 손에서 비롯된 것이라고 본다. 사실, 욥은 하나님이 그를 괴롭히기 위해 사용하신 도구, 즉 강도 떼와 악천후 또는 사탄의 손조차 거의 인정하지 않는다.

나중에 욥은 자신의 삶에 일어난 일련의 부정적인 사건들을 회고하는 가운데, 자신의 고난에 대한 하나님 중심의 세계관을 재확인하면서, 다음과 같이 말한다:

주님께서 나를 기진맥진하게 하시고, 내가 거느리고 있는 자식들을 죽이셨습니다. 주님께서 나를 체포하시고 주님께서 내 적이 되셨습니다… 하나님이 나를 범법자에게 넘겨 버리시며, 나를 악한 자의 손아귀에 내맡기셨습니다. 나는 평안히 살고 있었는데, 하나님이 나를 부스러뜨리셨습니다. 그가 나를 세우고 과녁을 삼으시니… 그가 나를 갈기갈기 찢고 또 찢으시려고 용사처럼 내게 달려드십니다.(욥 16:7-14, 발췌)

욥이 하나님을 자신에게 닥친 모든 악과 비극의 궁극적인 근원으로 여겼다는 것은 의심의 여지가 없다. 욥은 하나님을 관여하지 않는 방관자로 여기지 않았다. 더욱이, 욥은 이러한 부정적인 상황에 있어서 하나님이 관여하신 부분이 이런 일들을 그저 허락하신 것 뿐이라고 보지 않았다. 욥의 생각으로는 자신이 이해하기 힘든 어떤 이유로 하나님께서 이러한 일을 그에게 행하신 것이다.

이제 성경의 다른 부분에 나타나는 세계관도 살펴보자.

욥의 세계관이 틀렸다고 주장할 수도 있다. 그래서 성경의 나머지 부분들이 이 주제에 대한 욥의 세계관을 뒷받침하는지에 대하여 살펴보자. 다윗은 시편에서 곤경에 처한 자신을 돕고 구원해 달라고 하나님께 끊임없이 부르짖고 있다. 다윗은 종종 그러한 문제들에 대해, 그리고 그 문제들이 어디에서 왔는지에 대해 이야기한다. 그의 세계관을 들어 보자:

> 그러나 이제는 주님께서 우리를 버려 치욕을 당하게 하시며, 우리 군대와 함께 출전하지 않으셨습니다. 주님께서 우리를 적에게서 밀려나게 하시니… 주님께서 우리를 잡아먹힐 양처럼 그들에게 넘겨 주시고… 이 모든 일이 우리에게 임하였으나 우리가 주님을 잊지 아니하며 주의 언약을 어기지 아니하였나이다. 우리의 마음은 위축되지 아니하

고 우리 걸음도 주의 길을 떠나지 아니하였으나… 우리를 사망의 그늘로 덮으셨나이다.(시 44:9-19, 말췌)

여기에서 우리는 다윗과 이스라엘 백성들에게 들이닥친 문제가 죄의 결과가 아님을 보여주는 분명한 사례를 접한다. 다윗은 전장에서 입은 그들의 손실이 죄의 결과나 하나님의 징계로 인한 것이 아니라고 단언한다. 그러므로 다윗에게는 그 부정적인 상황들이 이해되지 않았다. 그러나 다윗은 이러한 부정적인 상황들이 설명되지 않을수록, 그 상황들을 직접적이고 개인적으로 하나님께 돌렸다는 점을 인식하시기 바란다.

아모스의 예언에서 하나님은 이렇게 말씀하신다:

"여호와의 시키심이 아니고야 재앙이 어찌 성읍에 임하겠느냐?"(아모스 3:6)

재난이 도시를 덮친 이유나 재난을 일으킨 정확한 도구가 무엇이든 간에, 하나님은 궁극적으로 재앙을 일으킨 분이라고 선언한다.

이사야의 위대한 예언서 40-46장에서 하나님은 온 우주와 그 안에 있는 모든 사건에 대한 경이로운 주권을 선언하신다. 이 장들에서 멋진 독백의 일부로 하나님은 다음과 같이 말씀하신다:

나는 만물을 지은 여호와라 나와 함께한 자 없이 홀로 하늘을 폈으며 땅을 베풀었고… 나는 여호와라 나 외에 다른 이가 없나니 나밖에 신이 없느니라. 나는 빛도 짓고 어두움도 창조하며 나는 평안도 짓고 환난도 창조하나니 나는 여호와라 이 모든 일을 행하는 자니라.(이사야

44:24 및 45:5 상반절, 7절)

신약에서도 우리는 그리스도를 따르는 자들의 삶에서 비극과 고통과 문제에 대한 하나님의 직접적인 역할에 관하여 동일한 세계관을 발견하게 된다. 사도 바울은 고린도 교회에 보낸 두 번째 편지에서 이에 대해 말하고 있다. 바울은 하나님이 그에게 주신 놀라운 계시와 함께 이러한 것으로 인해 그가 교만해지지 않도록 하나님이 어떻게 하셨는지를 다음과 같이 말하고 있다.

"여러 계시를 받은 것이 지극히 크므로 너무 자고하지 않게 하시려고 내 육체에 가시 곧 사단의 사자를 주셨으니, 이는 나를 쳐서 너무 자고하지 않게 하려 하심이니라. 이것이 내게서 떠나기 위하여 내가 세 번 주께 간구하였더니, 내게 이르시기를 내 은혜가 네게 족하도다. 이는 내 능력이 약한 데서 온전하여짐이라 하신지라. 이러므로 도리어 크게 기뻐함으로 나의 여러 약한 것들에 대하여 자랑하리니, 이는 그리스도의 능력으로 내게 머물게 하려 함이라." (고린도후서 12:7-9)

바울이 갖고 있었던 육체의 가시가 무엇인지 정확히 아는 사람은 아무도 없다. 많은 사람들은 이 육체의 가시가 일종의 안질이었을거라 생각한다(갈 4:15 및 6:11 참조). 그럼에도 불구하고, 고난이 정확히 어떠한 성격이었는지에 관계없이, 사도 바울이 고난을 어떻게 보았는지에 대해 몇 가지 분명한 사실이 있다.

- 사탄이 관련되어 있다는 것이다. 이것은 바울이 그것을 왜 사탄의 사자로 불렀는지를 설명하여 준다.
- 궁극적으로는 영적으로 유익한 목적을 위해 사탄이 아니라 하나님이 바울에게 보내신 것이다. 그것은 그가 교만해지지 않도록 하기 위한 것이라고 바울은 말한다.
- 하나님은 그것을 제거해 달라는 바울의 기도를 아셨지만 하나님은 그렇게 하지 않기로 결정하셨다.

다시 한 번, 여기 신약에서, 우리는 욥이나 구약의 선지자들의 세계관과 완전히 일치하는 고난에 대한 세계관을 본다.

요약하자면, 성경은 사람들의 삶에 부정적인 상황을 보내는 데 관여하지 않거나 아주 약간만 관여하는 하나님에 대하여는 이야기하지 않는다. 성경에 따르면, 하나님은 사람들의 삶에 닥치는 모든 상황에 대해 최종 결정을 내리신다. 하나님은 상황을 만드시기 위해 다른 사람과 날씨 그리고 심지어 사탄의 세력과 같은 중간 도구를 사용하기로 선택하실 수도 있다. 그러나 사람들의 삶을 강타하는 모든 부정적인 상황에 대해 직접 설계하고, 권한을 부여하고 범위를 설정하는 분은 하나님이시다. 이것이 성경의 세계관이다.

그러므로 나는 왜 좋은 사람들에게 나쁜 일이 일어나는가에 대한 랍비 쿠슈너의 대답에 동의하지 않는다. 나는 누구에게나 나쁜 일들이 일어날 수 있는데, 이것은 전능하신 하나님이 자신의 신성한 목적을 위해 그런 일들을 사람들의 삶에 보내기로 결정하셨기 때문에 일어나는 것이라고 믿는다.

이것은 나의 사무실을 찾아온 그 부부의 질문에 대한 답변이기도 하다. 전능하신 하나님은 하나님의 목적을 위해 이 아이를 그들의 삶에 보내기로 결정하셨다.

고통을 허용하는 것과 고통을 주는 것

이제 하나님이 이런 일이 일어나게 단순히 허용하셨다는 생각을 넘어, 하나님이 장애를 가진 아이를 개인적으로 고통스럽게 하고, 그 아이를 부모의 삶에 보내셨다는 생각은 우리를 더욱 난감하게 한다. 그러나 실질적으로는 이 두 개념 사이에 차이가 없다는 것을 생각해 보라고 제안한다. 하나님이 진정으로 우주의 주권적인 하나님이시라면 그가 허락하신 것은 보내신 것과 같은 의미이다.

달리 말해서, 하나님이 어떤 비극을 허용하지 않기로 결정했다면, 그런 일은 일어나지 않는다. 그러므로 하나님이 어떤 비극을 허용하기로 결정했다면, 그것을 허용함으로써 하나님은 그것을 보내는 것이다. 실제로, 무언가를 허락하는 하나님과 보내는 하나님은 동일하다.

주어진 고통의 중간 원인이 무엇이든, 우주 만물의 주권자이신 분이 최종 선택을 하고 있다는 사실을 우리는 깨달아야 한다. 사탄 자신도 이 우주에서 독자적인 권위가 없다. 하나님은 자신의 완전한 목적을 성취하기 위해 영향을 미치는 모든 상황을 조정하신다. 이 세상에는 돌발적 상황도 우연의 일치도 운명의 장난도 없다.

우리 삶에 고난을 보내는 데 있어서의 하나님의 역할에 대해 이렇게 많은 시간을 할애하여 이러한 신학적 주장을 하는 것이 다소 과한 것으로 보일 수 있다. 그러나 이 책의 대전제는 바로 이 신학적 입장에 근거하고 있다. 나는 하나님이 경건한 사람들의 삶에 마음의 고통과 실패와 문제와 고난이 생기도록 허락하시는 데 높고 고귀한 목적이 있다고 믿는다.

이 고귀한 목적은 그리스도를 따르는 우리의 삶에서 생길 수 있는 죄로 인한 나쁜 행동이나 말에 대한 징계와 아무 관련이 없다. 하나님은 이 고귀한 목적을 이루시기 위해 용의주도한 전략으로 우리 삶을 깨뜨리기도 하신다. 우리가 이것을 알고 믿을 때 비로소 주님께서 우리에게 원하시는 평안과 순종으로 깨어짐의 과정을 받아들일 수 있을 것이다. 이 부부의 질문에 대한 궁극적인 대답은 다음과 같다:

> 하나님은 당신들 안에 영적 깨어짐을 만드시려는 분명한 목적을 가지고 이 아이를 당신들의 삶에 보내셨다.

올바른 신학적 이해는 어떤 변화를 가져올 수 있을까?

어떤 사람들은 신학적 이해와 실제 생활은 별개라고 말하고 싶은 유혹을 느낄 수 있다. 그러나 실제로는 좋은 신학적 이해야말로 흔들리지 않는 굳건한 생활을 가능케 한다. 아내 브렌다와 나는 딸 질과 함께 겪었던 고통의 진실을 통해 '정말 그렇다'는 것을 알게 되었다. 처음 몇 년 동안은 가끔 딸 아이의 장애가 주는 엄청난 압박에 짓눌렸다. 아내와 나는 거의 포기했었다. 우리에게는 의학적 해결책에 대한 희망이 없었다. 삶의 기쁨도 없었고, 우리가 처한 암울한 상황에서 벗어날 방법이 없다고 믿었다. 우리가 느꼈던 황폐함을 이루 다 설명하기는 어렵다. 우리는 쉽게 우리의 영적 생활을 비통함과 냉소주의에 빠뜨리곤 하였다.

그러나 우리를 계속 나아가게 하고 영적, 정서적 균형을 제공한 것은 하나님이 우리에게 일어나는 모든 일에 직접 관여하고 연결되어 계시다는 신학적인 절대 확신이었다. 우리는 성경에서 하나님이 말씀하시는 것을 믿기로 결정했다:

- 참으로 하나님은 딸의 상태와 그 아이에게 일어나는 모든 일에 대한 최종 선택을 하고 계셨다.
- 하나님은 이 모든 고통에 완벽하게 들어맞는, 정밀하게 설계된 계획을 가지고 계셨다.
- 딸의 상태는 우발적 사건이나 우연의 일치 또는 무작위적이고 잔인한 운명의 장난이 아니었다.
- 그리고, 하나님은 우리의 모든 고통에 대해 높고 숭고한 목적을 갖고 계셨다. 비록 그것이 무엇인지 알지는 못했지만 말이다.

이러한 진리에 대한 깨달음이 있었기에 우리는 확신을 갖고 앞으로 나아갈 수 있었다. 이러한 깨달음은 우리를 우울증과 절망에서 벗어나게 했고, 우리가 날마다 앞으로 나아갈 수 있게 해 주었다. 우리가 이 진리를 믿지 않았거나, 혹은 하나님이 통제하지 않으시고 우리의 고통에 구속의 목적이 없다고 판단했다면, 아내와 나는 감정적으로나 심리적으로 무너졌을 것이다. 우리의 결혼 생활은 파탄났을 것이고 우리 세 아들은 불만이 가득한 상태로 자랐을 것이다. 그리고 하나님에 대한 그들의 믿음도 아주 이상한 방향으로 나아갔거나 아니면 아마도 완전히 사라졌을 것이다.

이러한 결과는 큰 고통을 당한 사람들에게 실제로 발생한다. 우리 가족은 어떤 대단한 수퍼 가족이 아니다. 우리는 다른 모든 가족과 동일한 원형질로 구성되어 있다. 그러나 우리를 하나로 묶은 것은 이 장에 설명된 신학적 진리에 대한 우리 가족의 강한 믿음이었다. 이러한 선하고 올바른 신학적 이해가 있었기 때문에 우리는 계속 나아갈 수 있었다. 분노를 견딜 수 있는 영적, 그리고 정서적 평정을 얻을 수 있었다. 그것은 우리에게 삶을 이겨 나갈 수 있는 강인함을 주었다.

당신이 삶에서 고난과 고통에 직면하고 있다면, 하나님은 분명 당신을 위한 훌륭한 목적을 가지고 계신다! 마음으로 하나님의 말씀을 믿고 신뢰하면 이사야서 43:2-4(발췌)에 나오는 이 놀라운 진리를 발견하게 될 것이다.

"네가 불 가운데로 지날 때에 내가 함께할 것이라. 강을 건널 때에 물이 너를 침몰치 못할 것이며, 네가 불 가운데로 행할 때에 타지도 아니할 것이요 불꽃이 너를 사르지도 못하리니, 대저 나는 여호와 네 하나님이라."

나눔을 위한 질문

1. 이 장의 나머지 부분을 읽기 전에 부부의 질문에 답했다면 어떻게 대답하였겠는가?

2. 그리스도를 따르는 자로서 잘못된 행동이나 삶의 죄에 대한 징계의 결과로 설명할 수 없는 어떤 고난에 직면하고 있는가?

3. 하나님이 이 고난을 당신의 삶에 보내셨다고 말하는 것은 어떤 느낌인가?

4. 하나님이 우리의 삶에 고난을 보내시는 것과 고난을 허락하시는 것이 서로 같은 것이라는 생각에 대해 어떻게 생각하는가?

5. 고통과 고난, 그리고 심지어 비극이 사람들의 삶에서 더 높고 고귀한 목적을 가질 수 있다는 생각을 받아들일 수 있는가?

· 제2장 ·

모든 출애굽에는 모세가 필요하다

하나님의 방법은 사람이다.
교회는 보다 나은 방법을 찾고 있고,
하나님은 보다 나은 사람을 찾고 있다.
오늘날 교회가 필요한 것은 더 좋고 더 많은 장비가 아니고,
새로운 조직이나 새로운 방법들도 아니다.
교회가 필요로 하는 것은 오직 성령님이 사용할 수 있는 사람들이다.
성령님은 기계가 아니라 사람에게 임하신다.
하나님은 계획이 아닌 사람에게 기름을 부으신다.

~E.M. 바운즈의 "기도의 힘" 중에서~

전화 통화는 화기애애하게 진행되었다. 우리 교회의 싱글 사역을 담당할 목사를 찾는 중이었고 나는 성공적인 싱글 사역을 했던 한 목사와 이야기를 나누고 있었다. 나는 지역의 싱글 커뮤니티를 대상으로 하나님의 권능을 불러올 수 있는 하나님의 기름 부음을 받은 하나님의 사람을 찾고 있다고 말했다.

통화하던 상대 목사님은 내 말에 꾸짖는 듯한 어조로 말했다. 그는 다른 무엇보다 잘 정리되고 체계화된 사역 프로그램을 확립하는 게 우선이라고 강하게 권고했다. 그래야 전체 사역이 특정한 사람 중심으로 편중되지 않는다고 말했다.

그의 말에 나는 "목사님 뜻을 충분히 이해합니다. 그러나 주님의 사역에 있어서 핵심은 언제나 하나님의 사람인 것을 저는 알게 되었습니다. 모든 출애굽에는 모세가 필요합니다!"라고 말했다.

우리는 방법 중심적인 세상에 살고 있다. 특히 우리 서구인들은 방법을 포장하고 전파하는 데 있어서 탁월하다. 우리는 출산을 위한 호흡 방법에서부터 블랙잭에서 딜러를 이길 수 있는 방법에 이르기까지 정말 모든 것에 대한 방법들을 갖고 있다. 그리고 기독교 커뮤니티도 이러한 문화적 현상에 분명 영향을 받아 왔다.

그리스도를 따르는 우리도 성공하는 방법들에 열광하는 듯 보인다. 어떤 교회나 기독교 조직이 특정 사역 분야에서 성공적인 뭔가를 성취했다고 가정했을 때 어떤 일이 벌어질지 상상해 보자. 이들의 방법론을 그대로 모방하려는 선의의 기독교인들에 의해 이 조직은 시달림을 받을 것이다. 이렇게 모방하는 기독교인들은 마치 하나님의 기름 부으심이 방법론에 달려 있는 것처럼 확신에 차서 새로 습득한 프로그램을 추진하게 될 것이다. 그리고 그들이 초라한 결과에 맞닥쳤을 때 그들은 무엇이 잘못인지 이해하지 못할 것이다.

하나님과 방법론

우리는 이에 대한 설명을 성경에서 찾을 수 있다. 하나님은 방법론에 대해서는 성경에 거의 기록하지 않으셨다. 교회의 관리, 직원 운영, 교회 학교 조직, 또는 다른 무언가에 대한 "성경적" 방법을 성경에서 찾아보려 했다면 그것이 헛되다는 사실을 확인할 수 있을 것이다. 성경은 방법에 관해서는 놀라울 정도로 침묵하고 있다.

그 이유를 깊이 생각하고 생각하던 중에 나는 성경 어느 곳에도 하나님이 방법에 주의 영을 부으셨다는 기록이 없음을 떠올렸다. 성령이 강림했을 때(사도행전 2장), 기름 부음을 받은 것은 베드로의 설교가 아니라 바로 베드로였다. 하나님은 출애굽이 아니라 모세에게 기름 부으셨다. 하나님이 엘라 평지에서 기름 부으신 것은 다윗의 물매가 아니라 바로 다윗이었다. 또한 하나님이 기름 부으신 것은 옥외 설교가 아니라 조지 휫필드(George Whitefield)와 존 웨슬리(John Wesley)였다. 이것은 드보라, 요나, 에스더, 그리고 드와이트 무디, 찰스 피니, 테레사 수녀를 비롯한 그리스도를 위해 이 세상을 뒤흔든 다른 모든 이들에게 있어서도 똑같은 사실이다.

이것이 바로 어떤 성공적인 사역을 위하여 하나님이 우리에게 그의 계획을 주실 때 방법이나 프로그램 리스트를 주지 않은 이유이다. 대신 하나님은 그의 교회를 이끌 사람들이 가져야 할 자격에 관한 목록을 우리에게 주셨다. 성경에 나타난 하나님의 초점은 하나님의 능력이 드러날 때 기독교적 리더들에게 필요한 인품의 깊이와 질에 있다.

아무나 출애굽을 성공적으로 이룰 수 있었을까? 아니다. 모세가 필요했던 것이다. 40년간의 광야 생활을 통하여 탁월한 영성을 갖도록 단련된 사람, 불타는 떨기나무 앞에서 하나님과 함께 있었던 사람, 단순히 하나님의 행동뿐 아니라 그분의 뜻을 알았던 사람, 그러한 사람만이 그 당시 이집트 땅에서 보여진 그 놀라운 하나님의 권능의 통로 역할을 할 수 있었다.

마찬가지로 조지 휫필드가 없었다면 대각성 운동도 일어날 수 없었을 것이다. 또 바울이 없었다면 선교 여행도 없었을 것이다. 루터가 없었다면 종교개혁도 일어나지 못했을 것이다. 존 웨슬리가 없었다면 감리교 운동도 없었을 것이고, 테레사 수녀가 없었더라면 인도에서의 가난한 아동들을 위한 사역도 없었을 것이다.

하나님은 사람을 통해 일하신다. 인간의 본성과 역사에 대해 조금만 주의 깊게 관찰해 보면 이를 알수 있다. 조지 헨더슨(George F.R. Henderson)과 피터 스미스(Peter Smith)가 공저한 "스톤월 잭슨과 미국 남북전쟁"(Stonewall Jackson and the American Civil War)을 보면 나폴레옹 역시 이와 유사한 관찰을 한 것으로 기록되어 있다:

장군들의 인격은 불가피하다. 갈리아를 정복한 것은 로마 군대가 아니라 카이사르(Caesar)였다. 로마를 두려움에 떨게 한 것도 카르타고의 병사들이 아니라 한니발이었다. 인도까지 진격해 들어간 것은 마케도니아 보병의 힘이 아니라 알렉산더가 있었기 때문이었다.

여기에 더하자면 북군의 그랜트 장군과 남부연합의 수도 리치몬드 사이에 벽처럼 버티고 서 있던 것은 남군의 군인들이 아니라 리 장군이었다. 그리고 히틀러의 공세를 저지한 것은 영국 공군의 파일럿들이 아니라 바로 윈스턴 처칠이었던 것이다.

사람이 바로 하나님의 방법이며, 하나님은 모든 위대한 사역에 있어 사람을 먼저 준비시켰다.

현대 기독교의 딜레마

미국 기독교 역사에서 오늘날만큼 이 사실을 강조할 필요가 있었던 적은 없다.

대중매체 기독교는 주님의 교회가 갖는 영성을 위협하기 시작했다. 우리는 성령의 역사를 그 규모나 화려함의 정도와 연관시키기 시작했다. 연출 기법이 전통적 부흥 신학을 가리고 있다. 자기 홍보가 하나님의 마음을 따른다고 하는 사람들 중에서도 당연시되고 큰 호응을 얻고 있다.

오늘날 기독교가 추구하는 브랜드는 "그리스도를 위하여 받는 모욕을 이집트의 재물보다 더 값진 것으로 여겼던"(히브리서 11:26) 바로 그 모세에게 매우 기이하게 보일 게 틀림없다. 그는 우리가 허영으로 가득 찬 세상의 유혹의 소리를 쫓기 위해 조상들이 가졌던 믿음을 저버렸다고 슬픈 표정으로 우리에게 말할 것이다. 그는 하나님이 바람이나 지진, 또는 불 가운데 계시지 않았음을 우리에게 상기시키려 할 것이다. 그는 우리에게 하나님의 기름 부음을 받은 겸손하고 깨어진 하나님의 사람들의 믿음으로 돌아가라고 외칠 것이다.

21세기의 미국 교회로서 우리는 생각의 초점을 다시 맞추어야만 한다. 하나님의 부흥과 영적 권능의 원칙에 대한 우리의 이해를 소생시켜야 한다. 우리는 세상적인 시스템에 기반한 사역과 영적 권능에 대한 접근 방식이 아무리 몇몇 매력적인 성경 구절들로 포장되어 있더라도 이를 뿌리쳐야 한다. 우리는 모세와 같이 하나님의 방법을 이해하는 진짜 하나님의 사람들을 찾아 양육하는 일에 매진해야 한다. 그리고 늘 그래 왔듯이 하나님의 방법은 앞으로도 변함없이 깨어짐일 것이다. 깨어짐만이 강력한 하나님의 사람을 만들어 내는 유일한 길이다.

깨어짐은 타협될 수 없다.

하나님께 쓰임받기를 갈망하는 사람들에게 깨어짐은 선택 가능한 경험이 아니다. 하나님이 들어 쓰신 모든 사람들의 삶에 깨어짐은 영적 준비 과정의 핵심 부분이었음을 여러분은 이 책을 통해 볼 수 있을 것이다.

이를 다르게 표현하자면, 그리스도의 제자인 여러분과 나에게 깨어짐이 실제로 우리 삶에 이루어지지 않으면, 우리는 하나님의 기름 부으심과 그의 권능을 보지 못하고 또한 볼 수 없다. 그리고 우리가 더 많이 깨어질수록 우리는 하나님의 더 큰 기름 부으심과 권능을 경험하게 될 것이다.

깨어짐에 대해 가르치면서, 나는 주의 모든 제자들에게 더 푸른 초장이 펼쳐질 것을 확신한다. 하나님은 사람을 차별하지 않으신다. 과거에 세상을 뒤흔들었던 하나님의 사람들이 가졌던 것들을 오늘날 우리도 모두 가질 수 있다. 오늘날에도 하나님은 우리들 중 많은 사람들을 조지 휫필드, 존 웨슬리, 테레사 수녀로 만들기를 간절히 원하고 계신다. 예수 그리스도 안에서 모든 믿는 자에게는 영적 권능이 존재한다.

이 능력을 얻기 위해서 우리가 반드시 통과해야 하는 관문은 바로 깨어짐의 관문이다.

젊은 시절 나의 기도

1971년 봄, 내 삶을 예수 그리스도께 드리면서 나는 다음과 같은 기도를 시작했다:

"주님, 저는 이제까지 이 세상과 그 안에 있는 모든 것들을 위해 살았습니다. 그러한 삶이 얼마나 공허하고 가치 없는 것인지를 보았습니다. 이제 당신을 위해 살기를 원합니다. 예수 그리스도의 영광을 위해 내 전부를 사용하옵소서. 주님의 영광을 위해서라면 내가 어떻게 사용되든지 상관하지 않겠습니다. 아멘."

많은 하나님의 사람들이 이와 비슷한 기도를 드렸음을 나는 알고 있다. 내가 이 기도를 드렸을 때 나는 진심이었다. 그러나 보다 정확하게 말하자면 나는 내가 무엇을 구하고 있는지 전혀 알지 못했다. 나의 이 기도가 하나님께 나를 깨뜨려 달라고 간청하는, 그래서 나와 비슷한 기도를 한 모든 사람들이 걸어야 했던 똑같은 고통의 길로 나를 인도해 달라고 간구한 것인지를 알지 못했다.

솔직히 말해서 내가 원하는 대로 하나님이 나를 사용하실 수 있기 위해 내게 필요한 것은 성경에 대한 약간의 신학적 훈련과 사역에 대한 약간의 방법론적 실습이라고 쉽게 생각했다. 내 안에 새롭게 형성된 그리스도를 향한 열정에 적절한 방법론만 더해진다면 나는 영적으로 쓰임받을 것이라고 믿었다. 사실 나는 이후 몇 년간 그 기도를 거의 드리지 않았는데 그 이유는 내 입장에서 그 기도를 실현할 수 있는 전략을 이미 찾았다는 자신이 있었기 때문이었다.

몇 년이 지나 신학교를 졸업했고 교회 사역에 관한 지식도 제법 많이 습득하였지만, 하나님이 여전히 내가 몇 년 전에 기도했던 대로 아직 나를 사용하지 않고 계심을 발견하고 놀라고 실망했다. 더 심각한 것은 나에게는 더 이상의 다른 전략이 남아 있지 않다는 것이었다. 그래서 나는 좌절하고 혼란한 상태로 하나님께 돌아가 나의 영적 유아기에 드렸던 단순하고 작은 기도를 드리기 시작했다. 그러나 이번 기도는 달랐다. 나는 기도 끝에 다음과 같은 새로운 구절을 추가하였다.

"주님, 저의 힘으로는 영적으로 하나님이 사용하실 수 있는 자리로 나아갈 수 없습니다. 저를 그 자리로 인도해 주소서."

그 당시에는 내가 알지 못했던 것이 바로 이 장에서 다루고 있는 주제이다. 하나님이 나를 사용할 수 있도록 하기 위해서 내게 필요한 것은 방법, 지식, 그리고 인간의 경험이면 충분하다고 여전히 생각하였다. 나는 하나님의 영이 막힘없이 내게 흘러갈 수 있어야 한다는 것에 대해서는 전혀 알지 못했다. 영적으로 하나님이 유용하게 쓸 수 있게 되는 것이 영적 성장의 핵심인 것을 나는 깨닫지 못하였다. 나는 하나님이 그의 일꾼을 준비시키는 과정에 대해 무지했던 것이다.

그렇지만 나는 여전히 신실한 기도를 드렸다. 하나님은 내가 생각하지 못한 방식으로 나의 기도를 들어주실 것을 확신하면서 말이다. 1992년 하나님은 내 삶에 딸 질을 보내 주셨다. 그녀는 나의 기도에 대한 하나님 응답의 핵심이었다. 지금은 모든 것이 아주 분명하게 보인다. 그러나 불행히도 딸의 장애가 나를 아픔과 고통의 길로 몰아가기 시작했을 때에 나는 이를 영적으로 연결짓지 못했다.

그때 내 생각에는 하나님이 나의 삶을 사용해 달라는 나의 간구에 응답한 것이 아니라 어떤 연유로 해서 나를 벌주시는 것으로 여겼다. 이 모든 것이 나를 깊은 혼란에 빠뜨렸다. 하나님께 나를 사용해 달라고 자원했는데 오히려 저주를 하신다고… 도대체가 말이 안 되는 인간적 논리의 역행으로 보여졌다.

혹시 당신의 이야기와 연결이 될지 모르겠다. 혹시 당신도 내가 했던 비슷한 기도를 드렸고 하나님은 오히려 당신을 전혀 엉뚱하게 사용하시고 버렸다고 생각하고 있을지도 모른다. 당신은 조금 더 푸른 초장을 간구했을 뿐인데 하나님은 당신을 아예 광야로 내몰았다고 생각할지도 모른다. 이제 이런 불평은 그만 하는 게 좋겠다. 하나님은 당신이 하나님께 간구한 대로 당신을 사용할 수 있도록 준비시키고 있었을 뿐이다.

그 준비는 아주 끔찍한 것이지만 그것은 우리의 기도에 대한 하나님의 응답의 필수적인 부분이다. 어느 누구도 이 과정의 첫 단계를 좋아하거나, 원하거나 또는 이해하지 못한다. 나도 분명히 그렇지 못했으니까. 그러나 좋은 소식이 있다. 터널의 끝에는 영적 권능과 기름 부으심의 빛, 하나님의 유용한 쓰임을 받을 수 있는 빛, 그리스도의 영적 영향을 이 세상에 끼칠 수 있는 그런 엄청난 빛이 기다리고 있다.

다른 모든 하나님의 일꾼들과 마찬가지로 나도 힘겹게 이 교훈을 배워야만 했다. 나는 그 과정이 견딜 만하다고 거짓말하지 않겠다. '젊은 시절에 나는 왜 그런 기도를 했을까' 하고 스스로에게 묻곤 했다. 나는 하나님께 그 기도에 응답받기 위해 필요한 과정을 도저히 감당할 수 없으니 나의 기도를 거두어 달라고 하나님께 여러 날 동안 요청하기도 했다. 그러나 하나님은 내 마음을 아셨다. 하나님은 내가 나의 삶을 다른 무엇보다도 그리스도를 위하여 바치기 원한다는 것을 알고 계셨다. 그래서 하나님은 나의 불평들을 무시하고 깨어짐의 과정을 계속 진행하셨다.

거의 13년이 지난 지금 나는 하나님의 놀라운 은혜에 감사드리면서 실족하지 않고 여전히 서 있다. 그 오랜 시간 동안 나는 하나님이 더 크고 위대한 방법으로 나의 기도에 응답하심을 볼 수 있었다. 돌이켜 보면 나는 그 과정에서 주저앉지 않았음에 큰 감사를 드린다. 나는 감히 그 과정을 두번 다시 감내하기를 원하지 않는다. 그러나 다른 한편으로는 하나님이 나에게 깨어짐의 과정을 겪게 하신 것에 진심으로 감사드린다. 하나님의 영이 나의 삶 가운데에서 역사하게 되신 것 만으로도 그 과정을 감내할 충분한 가치가 있었다.

결론을 정리해 보자. 당신의 삶이 하나님의 영광을 높이는 데 사용되기를 진실로 원한다면 하나님은 그렇게 사용하실 것이다. 그러나 그것

을 위해 당신은 대가를 지불해야 한다. 우리는 사도 바울의 고백을 잊지 말아야 한다:

"큰 집에는 금그릇과 은그릇만 있는 것이 아니라, 나무그릇과 질그릇도 있어서, 어떤 것은 귀하게 쓰이고, 어떤 것은 천하게 쓰입니다. 그러므로 누구든지 이러한 것들로부터 자신을 깨끗하게 하면 (우리는 이것이 바로 깨어짐의 과정임을 알게 될 것이다), 그는 주인이 온갖 좋은 일에 요긴하게 쓰는 성별된 귀한 그릇이 될 것입니다." (디모데후서 2:20-21, 새번역)

사도 바울의 고백이 여러분의 가슴 깊은 고백이 되길 바란다.

나눔을 위한 질문

1. 오늘날 하나님의 사역이 지나치게 방법론에 의존하고 있다는 것에 당신은 동의하는가? 그렇게 생각하는/생각하지 않는 이유는 무엇인가?

2. 당신은 사람이 하나님의 방법이라는 말에 동의하는가? 그렇게 생각하는/생각하지 않는 이유는 무엇인가?

3. 왜 현대 교회는 하나님의 사람을 키우기보다 방법론에 더 초점을 두는 경향이 있다고 생각하는가?

4. 사람이 각자의 삶 가운데 하나님의 권능을 경험하기 위해서는 깨어짐이 절대적으로 필요하다고 한다면 당신은 그 희생이 아무리 크다 하더라도 이 깨어짐의 경험을 하나님께 간구할 준비가 되어 있는가? 그렇게 하려는/하지 않는 이유는 무엇인가?

· 제3장 ·

우리 내면의 저항들

하나님이 불가능한 일을 하고자 하실 때는,
불가능한 사람을 택하신다. 그리고는 그 사람을 허물어뜨리신다.

~"하나님의 사람 만들기 (The Making of a Man of God)",
앨런 레드패스 박사~

허드슨 테일러의 유명한 중국인 제자인 위치만 니(Watchman Nee)는 그의 저서 "정상적인 그리스도인의 생활(The Normal Christian Life)"에서 "하나님을 섬기는 사람은 자신의 일에 대한 가장 큰 장애물이 다른 사람이 아닌 바로 자기 자신임을 조만간 알게 될 것이다"라고 말했다.

예수 그리스도를 따르는 사람들의 삶에서 가장 중요한 날 중 하나는 그들이 예수 그리스도를 위해 권능으로 사역하는 데 있어 가장 큰 장애물은 바로 자신임을 깨닫는 날이다. 그것은 바로 자기 중심적 삶, 자기 신뢰, 자기 의존, 자기 확신, 자기로 충분하다는 생각, 자기 사랑, 자기 지혜 같은 것들이다.

이러한 것들은 우리의 삶을 통해 흐르는 하나님의 초자연적인 능력을 보는 것을 방해하는 큰 장벽이다. 이러한 것들은 성령을 소멸시키고 근심하게 하며 우리 안에서 자유롭게 흐르는 성령님의 능력을 빼앗는 것이다.

하나님은 우리의 문제에 대한 해결책을 갖고 계시다. 그의 해결책은 깨어짐이다. 깨어짐의 개념은 하나님의 모든 말씀 중에서 가장 아름답고 귀한 개념 중 하나이다. 또한 전능하신 하나님의 능력을 알고 경험하기를 원하는 그리스도인에게 가장 중요한 것 중 하나이다.

깨어짐을 이해하는 가장 효과적인 방법 중 하나는 그것이 성경 속 인물들의 삶에서 나타나는 양상을 보는 것이다. 모세는 성경 전체를 통하여 깨어짐의 가장 위대한 예시 중 하나이기 때문에 그의 삶은 우리에게 깨어짐에 대한 살아 있는 교실 역할을 할 것이다. 그러므로 깨어짐이 무엇인지에 대한 통찰력을 얻기 위해 하나님이 그에게 하시는 일을 살펴보도록 하자.

모세에게 일어난 일

대부분의 사람들은 출애굽기의 처음 두 장에 나오는 모세의 초기 이집트 생활에 대해 어느 정도 잘 알고 있다. 바로의 칙령으로부터 모세를 구하기 위해 그의 어머니가 어떻게 모세를 나일강에 표류시켰는지(출 1:16), 그가 바로의 딸에게 어떻게 발견되었는지(출 2:6), 그가 어떻게 그녀의 아들이라고 불렸고 바로의 집에서 40년 동안 키워졌는지(출 2:10) 등을 말이다.

성경은 모세가 이집트 왕궁에서 보낸 처음 40년 동안의 사건에 대해 침묵하고 있다. 그러나 역사학자 요세푸스(Flavius Josephus)는 그 기간 동안의 모세의 삶에 대해 고대로부터 전해 내려오는 이야기들을 전해 주고 있다.

유대 고대사(The Antiquities of the jews, 2권, 10장)에서 요세푸스는 모세가 바로의 궁정에 있었던 젊은 시절에 에티오피아인들이 남쪽으로부터 이집트를 침공하여 그 나라의 상당 부분을 점령하는 데 성공했다고 기록한다. 바로는 이집트 군대의 지휘권을 맡아 전투에서 에티오피아 사람들에 맞서길 요청하였다. 모세는 이에 동의하였고 놀라운 전략으로 에티오피아 군대를 기습하여 패주시켰다. 그런 다음 모세는 그 여세를 몰아 에티오피아 본토까지 쳐들어가 그들의 수도를 정복하여 이집트에 대한 위협을 종식시켰다. 모세는 귀국하여 큰 영광과 명예를 얻었다.

요세푸스는 이러한 사건들을 통해서 모세가 국가적 영웅으로 세워지고 이집트의 정치 세계에서 막강한 권력과 영향력을 가진 사람으로 자리매김하게 됨을 암시한다. 이집트에서 그는 별처럼 떠올랐고 모든 사람들이 그것을 알고 있었다.

그러나 이것은 모세가 억압받는 이스라엘 백성에게 관심을 갖기 시작했을 때 마치 급브레이크를 밟듯이 갑작스럽게 중단되었다. 이스라엘 민족의 구원자가 되려던 그의 시도는 무산되었고 이집트 시민을 죽이는 결과로 이어졌는데(출 2:11-14), 이러한 행동은 그에 대한 바로의 분노를 불러일으킬 것이 확실했다. 이로 인해 그는 이집트를 떠나 출애굽기에서 이야기하는 바와 같이 "광야 저편(the far side of the Wilderness)"(출 3:1)인 시내 광야로 가게 되었다.

순식간에 모세는 국가적 영웅에서 도망자로 전락했다. 그가 그토록 노력하며 일구어 왔던 인간적 권력과 지위가 불과 며칠 만에 그의 주변에서 사라졌다. 그러면 하나님은 왜 모세에게 이런 일이 일어나게 하셨을까? 성경은 우리에게 통찰을 준다. 히브리서 11장 27절 상반절은 "믿음으로 그는 왕의 노함을 두려워하지 않고 애굽을 떠났으며…"라고 말한다.

히브리서 11장에서 하나님은 40세에 모세의 삶을 근본적으로 변화시킨 사건들에 대해 아주 흥미로운 설명을 해 주셨다. 하나님은 모세가 애굽을 떠난 이유가 바로의 노여움이 두려워서가 아니라고 말씀하신다. 사실, 모세가 자신을 낮추었거나 적어도 그렇게 하려고 시도했다면 바로와 평화를 이루고 이집트에 남아 있도록 허용되었을 가능성이 매우 높다.

그러나 모세는 바로와의 문제를 해결하려는 시도조차 하지 않은 듯 보인다. 알다시피 모세는 중대한 결정을 내렸다. 그는 이집트가 그에게 제안할 수 있는 것에 대해 신경 쓰지 않기로 결심했다. 오히려 그는 하나님을 섬기기로 결심했다. 그는 하늘에서의 상급을 위하여 평생을 보내고자 하였다. 히브리서 11장이 말하는 것을 기억해 보자:

> "그리스도를 위하여 받는 능욕을 애굽의 모든 보화보다 더 큰 재물로 여겼으니 이는 상 주심을 바라봄이라."(히 11:26)

그래서 그는 자기 동족 이스라엘 백성을 찾아와 그들을 도우려고 애썼던 것이다. 그의 시도는 하나님을 섬기기 위한 서투른 노력이었지만 그의 마음이 어디에 있는지를 보여주는 지표였다.

이집트의 보화들을 버리고 하나님을 섬기는 일에 자신의 삶을 바치려는 모세의 간절한 소망에 대해 하나님은 어떻게 하셨는가? 하나님은 모세가 이집트에서 쫓겨나는 것을 허락하셨다. 이치에 맞지 않는 것처럼 보일 수도 있지만 그렇다. 이에 대하여 설명하겠다.

하나님은 모세의 선택을 기뻐하셨다. 하나님은 어떤 사람이 하나님을 택하기 위하여 이 세상의 값싼 장신구들을 기꺼이 포기하기로 결정할 때 참으로 기뻐하신다. 그러나 하나님은 또한 어떤 사람도, 물론 모세도, 깨어짐 없이 하나님을 섬길 수 없다는 것을 아신다.

그래서 하나님은 모세가 지금 자신의 삶을 바치고자 한 바로 그 목표, 즉 살아 계신 하나님의 종이 되는 것을 준비하도록 모세를 시내 광야로 보내셨다. 그러한 부르심을 위하여 모세가 깨어질 필요가 있었다.

하나님을 섬기려는 그의 열망에 대한 응답으로 모세를 끌어내리려는 하나님의 계획은 인간적 차원에서는 우리의 논리와 상반되겠지만 영적 차원에서는 완벽하게 이치에 맞다. 올라가는 길은 하나님의 섭리 안에서는 내려가는 길이다. 하나님을 섬길 때에 있어서 진정한 쓰임은 깨어짐 후에 온다. 우리가 이 진리를 이해하지 못한다면, 우리는 하나님이 그리스도를 따르는 자들의 삶을 인도하는 방식에 종종 혼란스러워할 것이다.

모세가 혼자 시내 광야에 들어갔을 때, 그는 분명 혼란스러웠을 것이다. 아마도 두렵기까지 했을 것이다. 고대 시내 광야 지역은 양 떼와 염소 떼에게 풀을 먹이던 유목민들이 거주하던 건조한 스텝 지대였다. 이집트의 장엄함과 화려함을 누리며 살아 왔던 모세에게 이곳은 세상에서 가장 황폐하고 불친절한 곳으로 보였을 것이다. 모세는 자신의 삶에서 하나님을 가장 우선시하겠다는 그토록 엄청나고 획기적인 선택을 한 후에 하나님이 왜 그에게 이런 일을 하셨는지 의아해했을 것이다.

모세는 나일강 주변에 융성했던 문명화된 세계에서 사라져 시내산에서 40년을 보냈다. 이상하게도 성경은 그 40년 동안 모세에게 일어난 모든 일에 대해 침묵하고 있다. 그러나 성경에 자세한 내용이 기록되어 있지는 않지만 사막의 뒤편에서 하나님이 모세 안에서 일하시는 놀라운 영적 과정이 있었던 것이다. 즉, 40년 전 자신에게 맡겨진 바로 그 운명을 모세가 결국 완수할 수 있도록 만드는 과정이다.

요점은 모세가 광야 뒤편에서 40년을 보내고 나왔을 때, 그는 완전히 다른 사람이 되었다는 것이다. 이 40년 동안 하나님은 영적으로 모세를 깨뜨리셨다.

깨어짐의 전과 후

워치만 니는 하나님이 어떻게 모세를 깨뜨리셨는지에 대해 처음으로 기록한 사람 중 한 명이다. 찰스 스탠리(Charles Stanley)는 니의 연구를 이어 갔다. 그러므로 이들의 기여를 바탕으로 모세 인생의 처음 40년과 그 이후의 삶을 다시 살펴보자. 깨어짐이 실제로 어떤 것인지에 대한 좋은 아이디어를 제공할 것이다. 출애굽기 2장은 모세가 시내산에서 시간을 보내기 전 그가 가졌던 많은 자질들을 묘사한다. 그것은 다음과 같았다:

- 자신감에 차 있었다(Self-confident).

출애굽기 2장에서 모세는 자신이 이스라엘 민족을 애굽에서 인도해 내는 일을 감당할 수 있다고 확신했다. 그는 애굽에서 배울 수 있던 모든 교육, 리더십 기술, 훈련, 지혜를 가지고 있었고 그는 그것들을 신뢰했다.

- 자기 확신에 차 있었다(Self-assured).

출애굽기 2장에서 모세는 자신의 의욕과 힘으로 하나님을 섬기는 데 필요한 것들을 채울 수 있다고 확신했다. 그는 아무리 노력해도 자신이 할 수 없는 일이 있을 수 있다는 생각을 전혀 하지 못했다.

- 자기 스스로 충분하다고 생각했다(Self-sufficient).

출애굽기 2장을 보면 모세는 "출애굽"을 잘 이끌 수 있도록 하나님께 도움을 구하는 표현이 단 한 번도 없다. 모세는 자신의 능력만으로 충분히 해낼 수 있다고 보았다.

- 자기는 지혜롭다고 생각했다(Self-wise).

출애굽기 2장에서 모세는 문제와 사람을 다루는 데 있어서 자신의 논리와 지혜를 믿었다. 그는 히브리인의 상황을 분석하였고 또 문제를 해결하기 위한 자신의 계획을 고안하였다. 문제를 해결하기 위해 하나님의 초자연적인 능력과 지혜를 신뢰하는 것은 모세에게 완전히 생소한 접근 방식이었다.

- 자신의 의지로 해내려 했다(self-willed).

출애굽기 2장에서 모세는 하나님을 기다리는 것에 대해서는 아무것도 몰랐다. 그는 인생에서 자신이 하고자 하는 일의 계획들을 가지고 있었다. 이스라엘 백성을 도우려는 그의 최선의 의도조차도 그의 육신적인 충동성에 오염되어 있었다. 그는 기도나 하나님을 찾고 하나님의 때를 기다리는 것에 대해서는 아무것도 몰랐다. 간단히 말해, "너희는 가만히 있어 내가 하나님 됨을 알지어다"(시 46:10)라는 것은 모세가 생각하는 방법론이 아니었다.

분명히 모세는 40세 때 하나님의 길을 전혀 몰랐다. 그는 세상 지혜에 있어서 지혜로웠지만, 그 것은 하나님께는 미련한 것이었다. 그는 용사였지만 하나님의 힘과 능력 대신에 자신의 인간적인 힘과 능력을 의지했다. 그에게는 지도력이 있었지만 그것은 육신의 충동적인 방식에 뿌리를 두고 있었다. 그는 올바른 목표를 염두에 두고 있었지만 그것을 성취할 하나님의 시간과 계획을 기다리는 것은 전혀 알지 못했다.

하나님은 모세가 해야 할 일을 갖고 계셨다. 그러나 40세의 모세는 아직 준비되지 않았다. 그는 애굽의 대학에 다니며 인간 학교에서는 잘 배웠지만, 하나님은 모세가 하나님의 학교에 다닐 필요가 있음을 아셨다. 그래서 하나님은 모세를 하나님 자신이 혼자 교수진으로 있는 광야 신학대학원에 보내셨다. 수업은 사막 뒤편에서 진행되었다. 제공되는 학위는 하나님의 방식으로 제공되는 박사 학위이다. 학습 기간은 과목들을 배우는 데 걸리는 시간 만큼이다. 모세의 경우에는 40년이었다. 그가 졸업했을 때, 모세는 완전히 다른 사람이 되어 있었다.

모세의 이러한 변화는 출애굽기 2장의 모세와 출애굽기 3장의 모세를 비교해 보면 매우 분명해진다.

- 예전에 모세가 받았던 교육은 아직도 그에게 남아 있지만 그 교육은 하나님의 방법으로 다듬어졌다.
- 40년 전에 가지고 있었던, 자기 확신과 자기 능력을 의지하던 모습은 사라졌다.
- 40년 전에는 자기로서 충분하다는 자만감에 꽉 차 있었지만 이제는 자기 충만감이 사라졌다. 40년 전에는 본인이 할 수 있다고 확신했던 바로 그런 일들을 이제는 자신이 그 일을 수행하기에는 완전히 부적절한 사람이라고 느꼈다. 모세는 떨기나무 불꽃 가운데서 하나님께 이렇게 아뢴다: "제가 무엇이라고 감히 바로에게 가서 이스라엘 자손을 이집트에서 이끌어 내겠습니까?"(출애굽기 3:11)
- 하나님을 기다리지 못하던 성급하고 육신적인 열심은 사라졌다. 그 자리에는 하나님의 능력으로, 하나님의 때에, 하나님의 방법으로, 하나님의 일을 하기 위해 하나님 안에서 능동적으로 쉬는 것이 남았다.

출애굽기 3장에서 우리가 보는 사람은 한 세대 전에 광야로 갔던 그 사람과 같은 사람이 아니다. 이런 근본적인 변화는 하나님이 홍해를 가

르시기 직전, 모세가 히브리 백성들에게 다음과 같이 말했을 때 잘 나타난다:

> "모세가 백성에게 대답하였다. '두려워하지 마십시오. 당신들은 가만히 서서 주님께서 오늘 당신들을 어떻게 구원하시는지 지켜보기만 하십시오. 당신들이 오늘 보는 이 이집트 사람들을 다시는 볼 수 없을 것입니다. 주님께서 당신들을 구하여 주시려고 싸우실 것이니 당신들은 진정하십시오.'"(출 14:13-14)

시내산에서 40년을 보내며 모세가 얻은 것은 참으로 놀랍고 혁명적이며 모든 것이 동반된 영적 변화임을 우리는 알게 된다. 그리고 이제 모세는 하나님께 쓰임받을 수 있게 되었다. 이제 그 그릇은 주님의 사용을 위해 준비되었다.

하나님은 어떻게 모세를 '선의의 사람'에서 '능력있고 쓰임받는 하나님의 종'으로 변화시켰는가? 그 대답은 하나님이 모세의 자기 중심적 삶을 깨뜨리셨다는 것이다. 하나님은 처음 40년 동안 모세의 삶을 특징짓는 자기 신뢰, 자기 확신, 자기 만족, 자기 지혜, 자기 의지를 깨뜨렸다. 그 자리를 하나님은 오직 하나님께만 뿌리를 둔 신뢰, 의존, 지혜, 힘으로 대신 채우셨다.

하나님은 모세를 어떻게 깨뜨리셨는가? 그것은 스탠리(Stanley)가 제시한 것처럼 모세가 젊은 시절에 그토록 가치 있다고 여겼던 모든 것을 빼앗은 것이다. 하나님이 그의 명성과 재산과 권세와 영향력과 위신을 거두어 가셨다. 하나님은 모세를 광야로 보내셔서 그를 보잘것없는 사람으로 만드셨다. 하나님은 모세를 바닥으로 끌어내리시고, 그를 지탱

해 주던 모든 버팀목을 뽑으셨다. 하나님은 모세에게 그의 삶의 모든 면에서 하나님께만 의지하는 것이 무엇을 의미하는지 배우도록 강요하셨다. 이것이 깨어짐의 전부이다.

깨어짐의 정의

모세를 관찰한 후에 깨어짐에 대한 실제적인 정의가 가능해졌다. 깨어짐은 하나님이 우리의 자기 중심적 생활을 쫓아내고 우리 삶의 모든 면에서 그분만을 의지하도록 가르치는 과정이다. 깨어짐은 하나님이 우리의 모든 자기 의존성을 부수고 그 대신 우리 삶의 모든 영역에서 하나님만을 전적으로 의지하는 것으로 대체하는 과정이다.

깨어짐을 통해 하나님은 다음과 같이 바꾸신다.

- 우리로 충분하다고 생각하는 것을 하나님의 충분하심에 의존하는 것으로.
- 우리 자신을 의지하는 것을 하나님만을 의지하는 것으로.
- 우리 자신의 지혜를 믿는 것에서 하나님의 방법과 말씀에 뿌리를 둔 지혜로.
- 우리 자신의 뜻에서 하나님을 향한 깊은 기다림 가운데 인간의 열심을 누그러뜨리면서 하나님의 뜻과 시간과 계획에 항복하는 것으로.

이 전 과정의 목적은 전능하신 하나님이 우리를 더욱 사용하실 수 있도록 하는 것이다.

깨어짐은 우리 중 많은 사람들에게 생소한 영적 개념일 수 있으므로 이해를 돕기 위해 물리적 세계의 예를 들어 보겠다. 우리 모두 알다시피 전기는 전선을 통해 흐른다. 전기가 얼마나 자유롭게 흐르는지는 전선이 가지는 저항의 양으로 정해진다. 전선의 저항이 클수록 전력의 흐름을 더 많이 방해한다.

우리 모두가 잘 이해하고 있는 이 물리적 원리는 영적 깨어짐이 무엇인지를 잘 보여준다. 우리 자신을 전선으로, 그리고 하나님의 초자연적인 능력을 전기로 상상한다면, 하나님의 능력은 저항이 가장 적은 전선을 통해 가장 잘 흐른다는 것을 이해하게 된다.

그러므로 영적 깨어짐의 목표는 그리스도인의 삶을 관통하는 성령님의 흐름에 대한 저항을 줄이는 것이다. 이것은 하나님이 우리를 사용하시기 위해 왜 우리를 깨뜨리셔야 하는지를 이해하는 데 도움이 된다.

우리의 자기 의존적 생활과 그로 인한 결과들, 즉 자기 신뢰, 자기 의지, 자기 지혜, 자기 뜻은 우리의 삶 속에서 나타나는 성령의 역사에 대한 우리의 저항을 증가시키는 것들이다. 이런 것들은 성령을 근심하게 하고 그리스도를 위해 우리가 사용됨을 제한한다. 우리의 자기 중심적 생활의 이러한 측면은 우리의 영적 통로를 막히게 하여 우리 삶을 통하여 하나님의 능력이 자유롭게 흐르는 것을 제한한다.

결론은 이것이다:

영적인 깨어짐이 없는 영적 유용함은 영적으로 불가능하다.

깨어짐이 정말 그렇게도 중요한가?

이 시점에서 이런 질문을 할 수 있을 것이다. 깨어짐이 하나님께 정말 그렇게 중요한 문제인가? 이 질문에 대하여 예수님이 직접 답하시도록 하자. 요한복음 12:23-26에서 예수님은 예루살렘에 계시고 십자가를 지시기 불과 며칠 전이다. 사실, 예수님은 흔히 예루살렘 입성이라고 불리는 사건(요 12:12-19)에서 나귀를 타고 감람산에서 호산나 소리에 맞추어 입성하신 직후에 이 말씀을 하신다.

예수님은 제자들에게 그들이 방금 경험한 모든 영광과 장엄함과 화려한 행사에 대해 바로 말씀하시는 대신에 깨어짐에 대해 말씀하신다.

"내가 진실로 진실로 너희에게 이르노니 한 알의 밀이 땅에 떨어져 죽지 아니하면 한 알 그대로 있고 죽으면 많은 열매를 맺느니라." (요 12:24)

비록 많은 기독교 주석가들이 이 구절에서 예수께서 진정으로 의미하는 바를 해석하기 위해 고군분투했지만, 워치만 니는 주님의 요점을 완벽하게 파악했다. 니의 설명에 따르면 예수님은 영적 세계에 대한 진리를 가르치기 위해 물리적 세계의 진리를 사용하셨다. 딱딱한 겉껍질이 온전히 남아 있는 밀 알갱이는 쓸모가 없다. 그 밀은 싹을 틔우고 자랄 수 없다. 내면에 생명이 있지만 그것을 풀어놓을 수는 없다. 그러나 밀의 딱딱한 껍질이 깨지고 갈라지면, 밀의 생명이 나오고 자라서 열매를 맺어 그 세계에 축복을 가져올 수 있다.

핵심은 밀알 안에 생명이 있는지가 아니라 그 안에 있는 생명이 빠져나와 주변 세계에 영향을 미칠 수 있는지 여부이다. 그리고 이것은 단단한 외피가 깨뜨려졌는지 여부에 달려 있다.

예수님은 이 자연의 진리를 가리키며 그것이 하나님을 위한 '많은 씨'를 맺는 비결이라고 선언하신다. 그래서 예수님은 그리스도를 따르는 사람은 한 알의 밀알과 같다고 말씀하신다. 우리가 그리스도께 우리의 삶을 드리면 성령께서 우리의 가장 깊은 곳에 거하신다. 밀알처럼, 우리 안에 영적인 생명이 있다.

그러나 우리 모두는 여전히 자기 중심적인 삶의 단단한 외피를 가지고 있다. 그 결과 성령님의 생명과 능력은 빠져나올 수 없고, 우리를 통해 흐를 수 없다. 물질적인 씨앗처럼 하나님은 그리스도를 따르는 모든 사람들의 딱딱한 껍질을 부수어 하나님의 생명이 우리를 통해 자유롭게 약동하고 우리 주변의 세상에 쏟아질 수 있도록 해야 한다.

믿는 사람들이 삶에서 하나님을 위한 열매를 맺어야 한다는 것은 누구에게나 당연한 것이고 예수님은 하나님을 위한 모든 열매의 원천으로 깨어짐을 제시하셨다면, 깨어짐은 모든 신자에게 세밀하고 전략적으로 계획된 것이라는 결론을 내릴 수밖에 없다. 사실, 깨어짐은 하나님을 위해 살고, 하나님을 섬기고, 예수 그리스도를 위해 세상에 의미있는 영향을 미치기를 원하는, 그리스도를 따르는 모든 사람에게 기본적인 문제라고 말할 수 있다. 그야말로 하나님의 모든 위대한 사람들의 전기를 보면 이것이 결국에는 그들 모두가 붙들어야 했던 하나의 중심 문제임을 알게 된다.

더 쉬운 방법이 없는가?

깨어짐의 과정이 힘들고 고통스럽기 때문에 이것은 당연히 제기될 수 있는 질문이다. 다시 한 번 예수님께서 친히 대답하시도록 하자. 요한복음 15장 5절에서 예수님은 "나는 포도나무요 너희는 가지니 저가 내 안에 내가 저 안에 있으면 이 사람은 과실을 많이 맺나니 나를 떠나서는 너희가 아무 것도 할 수 없음이라"고 말씀하셨다.

가지가 나무의 자유로운 수액의 흐름을 경험할 때만 열매를 맺을 수 있다는 것을 우리는 모두 알고 있다. 예수님은 이 식물의 진리를 사용하여 영적 진리를 가르치시며, 같은 방식으로 그리스도를 따르는 우리도 우리의 삶을 통해 성령의 수액이 자유롭게 흐를 때만 열매를 맺을 수 있다고 선언하셨다.

예수께서는 가버나움의 회당에서 가르치시는 동안 제자들에게 이와 동일한 영적 진리를 반복하여 말씀하셨다.

"생명을 주는 것은 영이다. 육은 아무데도 소용이 없다."(요 6:63 상반절)

예수님은 생명과 능력과 사역과 열매를 주시는 분은 성령님이라고 말씀하셨다. 우리의 육체적인 노력은 지속적인 영적 가치나 영향력을 가진 어떠한 것도 생산할 수 없다.

만일 이것이 사실이라면 – 그리고 예수님이 그렇다고 하신다면 – 깨어짐은 우리의 삶 속에서 삶을 통해 나타나는 하나님의 능력을 보기 위해서 반드시 통과해야 할 피할 수 없는 문이다. 우리가 이미 보았듯이, 깨어짐은 우리 삶에 자유롭게 흐르는 성령의 수액을 경험하는 열쇠이다. 우리는 깨어짐을 우회하거나 완전히 피할 수 없다. 왜냐하면 그것이 하나님이 주시는 최대의 축복과 열매 맺음과 기름부음에 이르는 유일한 길이기 때문이다.

그리스도를 따르는 많은 사람들은 그들이 성경과 조직신학 공부를 잘 했기 때문에 하나님으로부터 능력을 받을 것이라고 믿는다. 안타깝게도 사람들은 성경의 가르침을 더 받거나, 성경의 사실을 조금 더 축적하거나 몇 구절을 더 외우거나 세미나에 몇 번 더 참석하면 하나님의 능력이 갑자기 넘쳐날 걸로 상상한다. 그러나 이것은 사실이 아니다.

성경을 공부하는 것은 나쁜 것이 아니며, 어떤 식으로든 저지되어서는 안된다. 그러나 성경 지식 자체가 하나님의 열매를 맺는 비결은 아니다. 풍성한 열매를 맺기 위한 열쇠는 성령과 그분의 능력이 우리 삶을 통해 자유롭게 흐르도록 하는 것이다.

우리가 그리스도를 따르는 자로서 하나님의 쓰임을 받는 봉사를 하고자 한다면, 우리 모두는 이 영원한 진리를 이해해야 한다. 아무리 많은 사람들에게 똑똑한 인상을 남기거나 인격적인 감동을 주거나, 설득력 있는 말로 영향력을 끼치거나, 타고난 능력으로 동기를 부여할 수 있다 해도, 영적으로는 아무 소용이 없다! 그것은 모두 육신의 것이다.

이것이 출애굽기 2장에서 모세가 그토록 고통스럽고 어렵게 배운 교훈이었다. 그리고 하나님을 섬기려는 그리스도의 많은 제자들은 모세처럼 많은 좌절과 실패를 겪은 후에 비로소 예수님의 이 말씀으로 돌아왔다:

"살리는 것은 영이니 육은 무익하니라." (요 6:63 상반절, 개역개정)

이것은 불변하고 영원하며 변치 않는 하나님의 법이다. 사람들이 그것을 따를 수도 있고 따르지 않을 수는 있지만, 하나님은 누군가를 위해 이 진리를 바꾸지는 않으신다. 깨어짐이 그토록 중요한 것은 이 때문이다: 깨어짐은 하나님의 권능이 우리 삶에 임하게 하고 하나님의 나라를 위해 진지하게 열매를 맺는 유일한 방법이다.

깨어짐과 하나님께 유용함

이 시점에서 당신은 당연히 이렇게 물을 것이다. 내가 깨어지지 않으면 하나님께 전혀 쓰임을 받을 수 없다는 말씀이신가요? 그 물음에 대한 대답은 어느 누구도 완전히 깨어지지 않는다는 것이다. 그리스도를 따르는 사람들 중에 저항이 전혀 없는 지점에 도달한 사람은 아무도 없다. 깨어짐은 평생 진행되는 과정이다.

그러나 우리가 더 많이 깨어질수록 하나님이 우리를 더 많이 사용하실 수 있고 또한 사용하실 거라는 사실이다. 깨어짐과 하나님께 유용함은 정비례한다. 그리스도를 따르는 사람이 깨어지지 않는 정도 만큼 하나님은 참된 성령의 사역에 그 사람을 사용하실 수 없는 것이다. 그리스도를 따르는 사람이 교회에서 많은 활동을 할 수는 있지만, 그것은 모두 육신의 에너지일 뿐일 수 있다. 그것은 하나님이 보시기에는 단순히 나무와 풀과 짚에 불과할 뿐이다. 그 사람은 모세가 마흔 살 때 있던 바로 그 자리에 있는 것이다. 그리고 우리가 보아온 것처럼, 하나님은 그를 사용하기 위해 그를 깨뜨려야만 했다.

또한 당신이 더 깨어질 때까지 현재 예수님을 위해 하고 있는 일을 포기해야 하는지 당신은 궁금해할 수 있을 것이다. 그 대답은 절대로 그렇지 않다는 것이다. 하나님이 당신을 잠시 따로 떼어놓을 수는 있겠지만, 당신 자신의 인간적 지혜에 의존해서 스스로를 따로 떼어두는 것은 좋지 않다. 그 대신, 당신은 모든 성실한 노력으로 계속 주님을 섬기고, 당신을 더욱 깨어지게 해 달라고 하나님께 간구하라.

무디(MOODY)의 사례

1871년에 무디는 시카고에 있는 YMCA의 책임자로 일하고 있었다. 무디는 매주 일요일 시카고의 파웰홀(Farwell Hall: YMCA 건물 내 강당)에서 천 명이 넘는 군중에게 설교했다. 그는 수많은 위원회에서 봉사했고, 주일학교에서 가르쳤고, 선교 교회들을 시작했고, 연합군(남북전쟁 당시 북군)의 목사였으며, 그리스도를 위해 시카고의 빈민가에서 일했다. 그는 심지어 의회에 진출하려 하기도 했다.

누가 열정을 발산하여 하나님의 나라를 가져올 수 있다고 한다면, 무디도 그렇게 할 수 있었을 것이다. 사실, 그의 열정은 끝이 없어서 그의 추종자들조차 종종 그를 미치광이 무디라고 부를 정도였다.

하지만 뭔가 잘못된 것이 있었다. 무디는 많은 활동에 참여하고 있었지만 그의 사역에는 성령의 능력이 없었다. 연세가 지긋한 두 여성이 이것을 알아차리고 그를 위해 기도하기 시작했다. 그의 아들이 쓴 "무디의 생애"(The Life of Dwight L. Moody)에서 그 여성들은 여름 동안 그의 모임에 참석하고 맨 앞줄에 앉았다. 무디가 설교하는 동안 그들은 기도했다. 예배가 끝나면 그들은 그에게 다가가 "우리는 당신을 위해 기도하고 있어요."라고 말하곤 했다. "왜 이 사람들을 위해 기도하지 않습니까?"라며 무디는 분개하면서 물었다. "당신에게 성령의 능력이 필요하기 때문입니다."라고 그들은 답하곤 했다. "내가 능력이 필요하다고요?" 무디는 믿을 수 없다는 듯이 내뱉곤 했다.

처음에 무디는 이 두 여성의 생각을 무시했다. 무디는 몇 년 후 이렇게 말했다.

"왜? 그건 나에게 힘이 있다고 생각했기 때문이다. 나는 시카고에서 가장 큰 교회를 가지고 있었고, 많은 회심자들이 있었다. 어떤 의미에서 나는 만족하고 있었다. 그러나 바로 그 두 여성의 계속되는 나를 위한 기도와 특별히 사역을 위한 기름 부음에 대한 그들의 솔직한 말로 인해 나는 생각하게 되었다. 내 영혼에 큰 굶주림이 찾아왔다. 나는 그것이 무엇인지 몰랐다. 이전과는 달리 나는 소리 내어 울기 시작했다. 나는 정말로 이 사역의 힘이 없다면 살고 싶지 않다는 생각이 들었다."

1871년 10월이 되었을 때, 무디는 하나님이 자신을 무너뜨리는 것이 필요함을 공개적으로 인정하고 위로부터의 능력을 자신에게 달라고 하나님께 간구했다. 이에 하나님은 시카고에 있는 YMCA 건물을 불태우셨고, 또한 파웰 홀, 무디가 설교했던 다른 교회들, 무디의 사무실, 심지어 무디의 집까지도 불태우셨다. 사실, 하나님은 시카고 전체를 불태우셨다!

무디는 자신의 모든 소유를 잃었다. 그가 예수님을 위해 15년 동안 수고한 모든 것은 시카고 대화재에서 연기로 사라졌다. 마침내 무디는 엄청난 충격을 받은 채 뉴욕시의 작은 방에 혼자 있는 자신을 발견했다. 그러나 그의 영적인 굶주림은 남아 있었다.

이제 하나님은 무디를 자신의 한계 끝까지 몰아가셨다. 여기에서 무디는 시카고에서 행해졌던 얼마나 많은 일들이 자신의 열정과 힘과 주관으로 추진되었는지를 갑자기 깨달았다. 이때 무디는 자신이 초기의 모세와 같았었다고 고백했다.

여기, 모든 버팀목이 무너진 상태에서, 무디는 인간의 모든 열정과 노력이 완전히 무익하다는 것을 깨달았다. 그는 자신이 시카고에서 해 온 사역의 많은 부분이 (그가 표현한 대로) "지식 없는 열심"의 결과였음을 보았다. 이제 무디는 자신이 중심이 되어 살아온 삶과 그러한 삶이 사역을 지배하는 것을 거부했다.

여기에서 조용히 무디는 자신을 하나님께 온전히 바쳤다.

하나님은 무디를 자신의 한계 상황으로까지 데리고 가셨다. 길고 고통스러운 경험이었지만 하나님은 마침내 그를 깨뜨리셨다. 이제 사망의 건조한 날은 지났다. "이전에는 항상 내가 물을 잡아당기고 나르곤 했지만, 이제 나에게는 나를 실어 나르는 강이 있다!"고 무디는 말했다.

그 강은 무디의 삶에서 해방되고 자유롭게 흐르는 성령의 힘이었다. 그리고 미치광이 무디는 "깨어진 무디, 하나님의 사람"이 되어 예수 그리스도를 위해 두 대륙을 뒤흔들었다.

하나님께 깨어진 신자는 얼마나 아름답고 강한가? 이러한 삶에서는 완고함과 자기 사랑은 하나님의 은혜로운 향기에 자리를 내주게 된다. 전능하신 하나님의 능력이 그 삶에서 발산된다.

깨어짐은 저주가 아니다. 그것은 그리스도를 따르는 모든 사람들에게 절실히 필요한 축복이다. 현대 기독교에서는 그것이 거의 언급되지 않는다. 아마 이 사실이 우리 현대 기독교의 모습이 그토록 무미건조하고 무력한 이유를 설명하는 데 도움이 될 것이다.

모세에게 그리고 모세처럼 예수 그리스도를 위해 자신들의 삶에서 세상에 영향을 미친 수많은 사람들에게 하나님이 하신 일이 있는데, 우리 각자에게도 하나님이 이러한 일을 하실 필요가 있다. 깨어짐은 모든 그리스도를 따르는 사람들에게 적용되는 성경적 원리이다. 이것은 당신에게도 적용되는 원리이다.

나의 꿈과 동기

1980년에 처음으로 맥클린 바이블 교회(McLean Bible Church)의 담임목사로 부임했을 때에 나는 나이가 그리 많지 않았다. 사실 나는 서른 살 풋내기였다. 그러나 나는 꿈이 있었고 그것은 맥클린 바이블 교회가 미국의 수도에서 크고 영향력 있는 교회가 되도록 하는 것이었다. 즉, 세계에서 가장 강력한 도시에서 사람들 입에 오르내리는 이름이 되는 것이었다.

문제는 내 꿈이 아니라 그 꿈 뒤에 숨은 동기에 있었다. 나는 출애굽기 2장의 모세와 같았다. 생각은 옳았지만 이유는 틀렸다. 1980년대 초에 이것이 나에게는 분명하게 보이지 않았지만, 우리 교회의 일부 구성원들에게는 분명하게 느껴졌다. 특히 가끔 나에게 메모를 주던 한 여성이 있었다. 그녀는 무디를 위해 기도했던 두 여성과 조금 비슷했다. 그녀는 내 오만함, 자기 지혜, 자기 의존에 대해 이야기하곤 했다. 그녀는 그리스도 대신에 나 자신을 영화롭게 하는 나를 끊임없이 꾸짖었다. 그리고 그녀는 내 삶과 우리 교회의 삶에서 하나님의 능력이 흐르는 것을 방해하는 이러한 자기 죄를 인정하라고 나에게 이야기했다.

솔직히 말해서, 이 여성의 메모는 나를 짜증나게 했다. 따라서, 그녀를 무시하고 내 삶에 대한 그녀의 평가를 완전히 잘못된 것으로 보고 싶었다. 나는 오만함이나 육신의 교만이나 자만을 보지 못했다. 나는 나 자신의 영광을 위해 나온 것이 아니라고 확신했다.

그러나 동시에 나는 그녀가 뭔가를 알아챈 것 같다는 불안한 느낌을 가졌다. 맥클린 바이블 교회는 성장하지 않고 있었거나 내가 꿈꾸던 영향을 미치지 못하는 상황이었다. 뭔가 잘못됐지만 그게 뭔지 나는 꼭 집어서 파악할 수는 없었다. 열심히 일하고 부지런히 공부하고, 메시지를 신중하게 준비하고, 그것들을 열정적으로 설교하고, 교회를 충실히 인도했다.

그럼에도 불구하고 내가 그때까지 여전히 이해하지 못했던 것은 요한복음 6장 63절이다.

"살리는 것은 영이니 육은 무익하니라."

내 육은 열심히 일하고 있었지만 내게 필요한 것은 성령께서 나를 통해 능력으로 역사하기 시작하는 것이었다. 그래서 나는 무디처럼 하나님께 변화를 달라고 간구하기 시작했다. 당시에는 깨닫지 못했지만, 내가 정말로 간구했던 것은 깨어짐이었다. 돌이켜 보면 그 시간은 예수 그리스도의 종으로 살아가는 내 인생에서 가장 큰 전환점 중 하나였다.

그래서 하나님은 어떻게 하셨는가? 첫째, 하나님은 교회 내부에 불화와 갈등을 너무나 많이 보내셨기 때문에 1980년대 후반에는 나의 신경이 거의 마비될 지경이었다 1991년에 이 문제가 잘 해결되었을 때, 나는 깨어짐이라는 면에서 주님이 원하는 곳에 있다고 확신했다. 그러나 나는 아주 틀렸다. 1992년 1월, 나의 딸 질이 태어났고 내가 얼마나 착각하고 있었는지 깨달았다. 7월이 되자 딸 아이는 한 달에 수백 건의 발작을 일으켰고 아내 브렌다와 나는 절망의 블랙홀에 빠져들기 시작했다. 개인적으로 나는 광야 체험의 가장 깊숙한 곳으로 들어가고 있었다.

하나님은 이 고통과 무력함을 사용하여 출애굽기 1장과 2장 사이의 40년 동안 모세에게 하신 일을 나에게 하셨다. 하나님은 그것을 사용하여 나의 모든 자기 지략, 자기 지혜, 자기로 충분하다는 생각을 없애 버리셨다. 하나님은 그것을 사용하여 나의 자기 의지와 육적인 자기 의존과 자기 확신을 산산조각 내셨다.

몇 년 동안 극심한 고통을 겪는 과정을 거친 후, 얼마나 많은 사람들이 교회에 출석했는지 더 이상 신경 쓰지 않는 상태에 도달하게 되었다. 더 이상 성도들 사이에서 명성을 떨치며 거물이 되는 것에 집착하지 않게 되었다. 얼마나 많은 사람들이 동참하였는가와 관계없이 내가 관심을 가진 것은 예수님의 공로와 그가 스포트라이트를 받으셨는가 하는 것뿐이었다. 나는 하나님이 어떻게 이러한 변화를 일으키셨는지 정확히 설명할 수 없다. 그러나 하나님의 메커니즘과 상관없이, 그 결과는 엄청난 것이었다.

성공은 결코 나를 이렇게 단련시킬 수 없었을 것이다. 그리고 하나님은 그것을 아셨다. 그는 고난과 고통이라는 강렬한 용광로에서 이러한 변화를 일으켰다. 하나님은 딸아이의 장애를 이용하여 나 자신의 끝자락으로까지 데리고 오셨다.

지금 돌이켜 보면, 나는 깨어질 필요가 있었다고 주저함 없이 말할 수 있다. 나에게 그 편지를 쓴 여성 신도가 맞았지만 나는 그것을 볼 수 없었다. 내가 깨지지 않은 상태에서 하나님이 내 생명을 사용하시거나 그분을 위한 봉사를 축복하실 수 없다는 것이 이제 나에게 분명해졌다. 무슨 일이 있었는지 궁금할 것이다. 내가 교회에 얼마나 많은 사람들이 모이는지에 대해 덜 신경을 쓸수록 더 많은 사람들이 왔다. 맥클린 바이블 교회가 얼마나 영향력이 있는지 관심을 덜 가질수록 더 영향력이 커졌다. 더 예수님을 높이고 그에게 스포트라이트를 돌리려고 하면 할수록 미디어의 스포트라이트는 내가 교회를 인도하는 일에 비춰졌다. 이런 것들이 나의 이력을 증가시켰을지는 모르지만, 한마디로 말하면 나의 명성이 높아지는 것은 나의 관심 사항이 아니다. 그것은 오직 주 예수님을 높이고 영원한 생명을 약속하신 그의 복음을 전파하는 것이다.

나는 이러한 변화의 역학 관계를 정확히 설명할 수 없다. 그러나 한때 내 영혼에 위협이 되었던 것이 더 이상 존재하지 않는다는 것을 나는 안다. 이 때문에 나는 하나님이 몇 년 전, 그러니까 딸아이 이전, 즉 깨어짐 이전에는 결코 보낼 수 없었던 어떤 것을 지금은 나와 맥클린 바이블 교회에 보내실 수 있다고 믿는다.

이것이 깨어짐의 교훈이다. 하나님은 성공을 보내시겠지만 그보다 먼저 실패, 비극, 또는 다른 질병을 보내어 우리의 힘이 다할 때까지 밀어붙이신다. 이것이 성공과 그리스도를 위한 더 충만한 삶과 봉사로 인도하는 길이다. 우리의 사악하고 흔들리는 자아는 부숴져야만 한다. 우리의 유일한 동기는 그리스도를 높이는 것이며 그것을 위한 유일한 전략은 요한복음 6:63이다. 다른 방법은 없다. 그리고 하나님은 예외를 두지 않으신다.

나눔을 위한 질문

1. 당신은 우리가 하나님을 섬기는 데 가장 큰 장애물이 우리 자신이라는 생각에 동의하는가? 이것은 당신 자신의 삶에서 어떻게 사실로 반영되는가?

2. 당신은 출애굽기 2장에 나오는 모세와 어떻게 닮았는가?

3. 이 장에서 주어진 깨어짐의 정의를 검토하라. 이 정의에 근거하여 현재 당신의 깨어짐의 수준(0-100%)을 평가하라.

4. 영적 깨어짐 없이 영적인 유용함은 불가능하다는 말씀에 대해 어떻게 생각하는가?

5. 깨어짐은 당신 인생에 있어서 세밀하게 전략적으로 계획된 것이라는 데 동의하는가?

6. 당신은 하나님께 깨어짐을 구하고 싶을 정도로 당신의 삶에서 영적인 능력을 갈망하는가? 당신을 가로막는 두려움에는 어떤 것들이 있는가?

· 제4장 ·

깨어짐의 결과는 환영하지만 그 과정은 피한다

주님, 우리에게 순례자의 날들을 주심을 감사드립니다.
먼지투성이인 샘이 마르고,
우리가 진정 필요한 것이 무엇인지 처음으로 알게 될 때,
당신의 사랑에 만족하게 됩니다.

~허드슨 테일러의 "영적 비밀(Hudson Taylor's Spiritual Secret)" 중에서~

하나님을 믿는 성공한 사람에게 한 친구가 "어떻게 그렇게 많은 좋은 결정들을 내릴 수 있었느냐"고 물었다. 그는 "수많은 나쁜 결정들을 통해서라네"라고 답하였다. 정말 실제 경험이 최고의 스승이라 할 수 있다.

찰스 스탠리(Charles Stanley)가 지적한 것처럼 인간인 우리가 갖는 문제는 백이면 백 모두 좋은 결과물을 원하면서도 그 과정은 원치 않는다는 것이다. 누구나 바른 결정을 내릴 수 있는 지혜를 갖기를 원하면서도 이에 도달하기 위해 필요한 잘못된 결정들을 내리는 과정을 경험하기는 원치 않는다. 누구나 최고의 운동선수가 되기를 원하지만, 거기까지 도달하기 위해서 반드시 필요한 경기장 밖에서의 절제된 생활을 원하지는 않는다.

깨어짐의 경우도 마찬가지다. 크리스천으로서 우리는 깨어짐이 주는 큰 혜택을 볼 수 있지만 그 혜택에 이르게 하는 과정 앞에서는 움츠러든다. 우리는 하나님이 누군가를 깨뜨릴 때 결코 성공을 사용하지는 않는다는 걸 알고 있다. 깨어짐에 이르는 과정은 피와 땀이 흐르고 고통스러울 뿐 아니라 가슴이 찢어진다. 만약 그 과정을 구하는 사람이 있다면 유일한 이유는 과정이 주는 결과가 더 큰 가치가 있다고 확신하기 때문일 것이다.

앞 장에서 우리는 하나님이 어떻게 무디를 깨뜨리셨는지를 보았다. 하나님이 무디가 겪도록 한 것은 힘들고 고통스러운 과정이었다. 그러나 그 힘든 과정을 겪은 후 무디는 그의 자서전 "The Life of Dwight L. Moody"에서 다음과 같이 말했다:

"나는 다시 말씀을 전하기 시작했다. 설교는 이전과 다르지 않았다. 나는 이전과 비교해서 새로운 진실을 제시하지도 않았다. 하지만 그럼에도 수천 명이 하나님을 영접하는 역사가 일어났다… 만일 온 세상을 다 내게 준다고 하더라도 이전의 나로 돌아가지 않을 것이다… 그것은 마치 저울 위의 티끌과도 같은 것이었다."

비록 깨어짐에 이르는 과정은 고통스럽지만 그 결과는 과정이 주는 고통을 감내할 가치가 있음을 무디는 발견한 것이다.

깨어짐을 후회하는 사람은 없다. 왜냐하면 깨어짐 이후에는 하나님과 더욱 친밀해지고 그를 섬기는 새로운 힘을 얻기 때문이다. 그러나 그 과정을 겪은 어느 누구도 그 과정이 힘들지 않았다거나 한번 더 겪을 수 있겠다고 감히 고백하지 않는다.

이 장에서는 하나님이 우리를 깨뜨릴 때 사용하는 과정에 대해 살펴보고자 한다. 이 과정을 이해함으로써 현재 하나님의 깨뜨림을 겪고 있으면서 무슨 일이 일어나고 있는지 이해하지 못하고 있는 많은 하나님의 사람들은 자유를 얻을 것이다. 우리는 하나님이 우리의 삶 가운데 무엇을 하고 계신지를 잘 해석할 수 있어야 한다. 하나님의 깨뜨림의 과정을 올바로 이해할 때 우리는 과거와 현재에 일어나고 있는 많은 일들에 고개를 끄덕일 수 있을 것이다.

하나님의 방법

워치만 니는 그의 책 "자아의 파쇄와 영의 해방"에서 주님은 '우리의 겉 사람'을 깨뜨리는 데 두 가지 다른 방법을 사용하시는데, 하나는 점진적인 것이고, 다른 하나는 급진적인 것이라고 말했다. 두 방법은 상호 배타적이지 않다. 즉, 하나님은 깨뜨림을 주기 위해 두 가지 방법을 병행하여 사용하신다.

첫번째 점진적인 방법은 우리 삶을 통해 지속적으로 이루어지는 것이다. 인간은 어느 누구도 완전히 깨어지지 않는다. 즉 하나님의 뜻에 아무 저항도 하지 않는 상태에는 아무도 이를 수 없다. 그래서 하나님은 지속적인 고난과 힘겨운 분투의 과정을 통해 우리의 깨어짐이 더 깊어질 수 있도록 하신다. 그리고 이 과정은 우리의 삶 전체에 걸쳐 계속된다.

그러나 두번째 방법 또한 필요하다. 비록 깨어짐이 우리 삶 전체에 걸친 과정이기는 하지만 예수님을 믿는 사람들을 향한 하나님의 깨어짐의 계획에는 우리 삶을 근본적으로 송두리채 뒤흔드는 경험이 인생 중에 적어도 한 번은 포함되어 있다. 출애굽기 2, 3장에 기록되어 있는, 하나님이 모세로 하여금 겪게 하신 경험이 바로 그것이다.

이러한 삶을 통째로 뒤흔드는 경험은 특정 시점에 오지만 깨어짐의 전체 과정을 지배하게 된다. 그리고 사람들은 이를 평생토록 기억하게 된다. 또한 사람들은 이것이 일어나기 전에는 이를 가장 두려워하지만 이것이 지나간 뒤에는 그로 인해 하나님께 감사드린다. 왜냐하면 깨어짐의 결과로 받은 축복을 누리며 살기 때문이다.

이와 같이 우리 삶을 송두리째 뒤흔드는 밑바닥 경험은 과연 어떤 것일까? 그것은 사람들이 자신을 지켜 준다고 믿고 있는 모든 것들이 전부

박살나고 부서지는 그런 종류의 경험이다. 사랑하는 사람을 갑자기 잃게 되거나 다른 비극적인 사고를 갑작스럽게 당하는 경험이 여기에 해당한다. 또는 아주 오랜 기간 동안 병으로 고통을 받거나, 인간적인 패배나 세상적인 실패를 거듭해서 경험하기도 한다.

그것은 우리를 극한 상황까지 내몰아 가는 경험이다. 또한 그것은 우리가 갖고 있는 자신에 대한 의지와 만족감과 충분함을 하나님이 일거에 부숴버리는 경험이다. 이러한 경험을 통해 하나님은 우리 자신과 하나님과 삶 그리고 사역에 대한 생각을 완전히 변화시키신다.

요한복음 12장에서 예수님이 말씀하신 것처럼, 이러한 경험을 통해서 하나님은 우리의 외부 방어벽을 허물기 위한 결정적 깨뜨림을 가하신다. 깨뜨림이 일어난 후에 비로소 하나님은 덜 충격적이고 점진적인 방법으로 삶 전체에 걸친 깨어짐의 과정을 진행시킨다.

주님을 따르는 제자들의 인생의 바다을 치는 경험은 각각의 독특함이 있다. 그래서 많은 사람들이 이렇게 묻는다: 하나님이 언제 내게 이러한 깨어짐을 주셨는지 어떻게 알 수 있을까? 대답은 아주 간단하다: 단언컨대 하나님이 당신에게 그렇게 하실 때 당신은 알 수 있다.

성경에 기록된 밑바닥 경험

이러한 밑바닥 경험이 정말로 올바른 성경적 원리인지를 증명하기 위해 성경에 기록된 대표적이고 실질적인 사례들을 살펴보자.

모세

하나님이 모세의 삶을 송두리째 깨뜨린 것은 출애굽기 2장에 기록된 한순간에 밑바닥까지 떨어지는 모세의 실패와 아무도 알아주지 않는 하찮은 자로 사막 건너편에서 지낸 40년간의 광야에서의 경험이었다. 이 경험을 통해 모세는 출애굽기 3장에서와 같이 그 자신과 하나님, 하나님 섬김에 대한 변화된 생각을 품고 완전히 변화된 사람이 되어 떨기나무 불꽃 앞에 서게 된다. 그는 자기로 충분하다는 생각 대신에 부족함을, 자만심 대신에 하나님에 대한 경외심을, 그리고 육적인 조급함 대신에 하나님에 대한 기다림을 갖게 되었다. 모세가 완전히 깨어진 사람이 된 것은 아니었지만 그 깨어짐 이후의 모세의 삶은 하나님이 그의 깨어짐을 어떻게 더 깊고 성숙하게 만들었는지에 대한 생생한 기록이 되었다.

베드로

마태복음 26장 33절과 35절을 보면 베드로는 예수님께 자신있게 단언한다:

"모두가 주를 버릴지라도 나는 결코 버리지 않겠나이다. 내가 주와 함께 죽을지언정 주를 부인하지 않겠나이다."

이 얼마나 대단한 용기, 대단한 충성의 표현인가! 누가복음 22장 54-62절에서 우리는 베드로가 자신이 한 말을 얼마나 잘 따르는지 볼 수 있다. 베드로는 예수님께서 베드로가 부인할 것을 말씀하신 그대로 예수님을 세 번 부인하고 있다.

"주님께서 돌아서서 베드로를 똑바로 보셨다. 베드로는, 주님께서 자기에게 '오늘 닭이 울기 전에, 네가 세 번 나를 모른다고 할 것이다' 하신 그 말씀이 생각났다. 그리하여 그는 바깥으로 나가서 비통하게 울었다." (누가복음 22:61-62)

이 한 번의 추락으로 하나님은 자만심 가득하고 당당한 어부 베드로를 깨뜨리셨다. 사실 베드로는 너무나 철저히 깨어져 사역을 포기하기에까지 이르렀다. 요한복음 21장을 보면 그는 부활하신 예수님이 가셔서 다시 주를 섬기라고 할 때까지 고기 잡는 어부로 되돌아갔다. 그러나 사도행전을 통해 우리가 발견한 베드로를 보자. 그의 성격은 이전의 당당하고 직설적인 모습 그대로이지만 성경에서 베드로의 특징으로 말하고 있는 자만의 죄는 눈에 띄게 사라졌다. 대신에 그곳에 자유롭게 흐르는 역동적인 성령의 능력이 자리잡았다. 베드로의 자기중심적 삶의 모든 부분이 완전히 깨어진 것은 아니었다(갈라디아서 2:11). 그러나 하나님은 베드로를 그렇게 철저히 깨뜨리셔서 그의 남은 삶이 하나님께 쓰임받는 길을 가도록 인도하셨다.

야곱

야곱은 유대인을 향한 하나님의 계획에 있어 중요한 역할을 할 운명이었지만 그의 젊은 시절은 고삐 풀린 자기 중심의 삶 그 자체였다. 그는 기만과 모략과 조작을 일삼는 자였다. 그는 속세적 기회주의자로 그의 형 에서를 교묘히 이용하여 장자의 명분을 차지하고(창세기 25장), 아무 거리낌 없이 아버지 이삭의 축복을 훔쳤다(창세기 27장). 야곱이 얼룩 무늬와 검은 색의 양을 교묘히 조작하여 그의 장인 라반으로부터 많은 양

떼를 품삯으로 받아내는 것을 통해서도 그의 똑같은 기만적인 처세술을 확인할 수 있다(창세기 30장). 그러나 하나님은 야곱을 깨뜨리는 계획을 갖고 계셨다. 그 계획은 얍복강 나루에서 이루어졌다(창세기 32:22).

야곱은 그의 형 에서로부터 도망친 지 20여 년이 지난 후에 하나님께 순종하여 가나안으로 돌아온다. 그의 종들은 에서가 400명에 이르는 무장한 장정을 거느리고 그를 만나러 오고 있다고 전한다. 다음날 에서를 만나기 위해 야곱은 얍복강가에서 홀로 밤을 지내기로 한다. 그는 내일 어떤 일이 벌어질지 두려움과 근심에 가득 차 있다. 에서의 분노를 진정시키려는 그의 시도는 이미 실패로 돌아간 것으로 보인다. 그는 자신과 가족들을 지킬 호위 병력도 없다. 얍복강 둑에 쓸쓸히 홀로 앉아 있는 야곱은 그의 뛰어난 세상적 계략에 있어서도 한계에 이르렀다. 밤새 계속된 야곱과 천사 간의 씨름은 단지 야곱의 마음 속에 요동치고 있는 그 고뇌의 겉모양에 지나지 않는다. 그것은 자신이 아닌 하나님께 완전히 굴복하여 전적으로 하나님을 의지할지에 대한 갈등이었다. 밤새도록 싸운 끝에 야곱은 그 씨름 경기에서 졌다. 이것은 그가 내적으로도 굴복한 것을 의미한다. 결국 하나님은 야곱의 환도뼈를 쳤으며 그로 인해 야곱은 죽을 때까지 다리를 절게 되었고 이것은 평생 동안 그가 깨어졌던 그때의 경험을 상기시키는 징표였다.

야곱은 패배함으로써 승리하였다. 이때까지 성경에는 야곱에 대해 '그리고 하나님이 그를 축복하셨다'라는 문구가 단 한번도 기록되어 있지 않았다. 그러나 얍복강에서의 패배 직후 창세기 32장 29절에 다음과 같이 기술하고 있다:

"그리고 그는(하나님) 거기서 그를(야곱) 축복한지라."

그리고 "하나님이 야곱을 축복하셨다"라는 표현이 이후 창세기에 규칙적으로 나타남을 우리는 볼 수 있다. 사실 야곱의 변화가 엄청나게 커서 하나님은 이 변화의 외형적 징표로서 그의 이름을 이스라엘로 바꾸시기까지 했다. 야곱은 더 이상 예전의 그가 아니었다. 얍복강에서 철저하게 깨어지는 경험을 하기 이전의 야곱의 대명사이던, 세상적인 수법을 반복하는 모습을 더 이상 찾아볼 수 없다.

위대한 성서학자인 시드로우 백스터(J. Sidlow Baxter)는 그의 저서 "성경 탐색"에서 다음과 같이 말했다. "그것은 홀로 남겨진 야곱에게 있어 결정적인 영적 만남이었고 스스로를 구하였다. 얍복강가에서 그의 씨름은 야곱의 본성에 항상 존재했던 요동치는 그 무언가를 부수었다. 바꿔치기에 탁월한 사람이었던 야곱은 그 스스로가 바뀔 필요가 있었다. 그렇지만 하나님이 주신 새 이름, 이스라엘 – 하나님의 왕자 – 이 말해 주듯 그의 다리를 절게 만든 그 씨름은 그에게 왕관을 씌워 주었다."

성경의 다른 사례들

지금까지 소개한 것 외에도 수많은 깨어짐의 사례들을 성경에서 볼 수 있다:

- 하나님은 사탄에게 욥의 가족, 재산, 건강을 파괴하도록 허락함으로써 욥에게 삶을 송두리째 부수는 타격을 주었다.
- 하나님은 사울왕으로 하여금 유다 광야에서 7년 동안 도망하는 다윗을 쫓게 함으로써 다윗의 삶을 송두리째 부수는 타격을 주었다.
- 하나님은 이사야 선지자에게 하나님의 거룩하심에 관한 비전을 보

여주심으로써(이사야 6장) 그의 삶을 송두리째 부수는 타격을 주어 자기 의를 완전히 지워버리게 하였다.

- 하나님은 아브라함에게 그가 가장 소중하게 여기는 아들 이삭을 바치도록 명령함으로써 그의 삶을 송두리째 부수는 타격을 주었다.
- 하나님은 요셉을 노예로 팔리게 하고 죄도 없이 13년간 옥고를 치르고 모욕을 당하게 함으로써 그의 삶을 송두리째 부수는 타격을 주었다.
- 하나님은 사도 바울을 아라비아 사막으로 보내어 3년간 영적 준비 및 모욕의 시간을 갖게 함으로써 그의 삶을 송두리째 부수는 타격을 주었다.

그 뿐만 아니라 성경이 씌어진 때부터 시대의 흐름에 따라 살펴 내려 가면 하나님이 위대한 하나님의 사람들에게는 그들 각 개인의 삶을 송두리째 부수는 타격을 주셨음을 볼 수 있다.

- 마르틴 루터(Martin Luther)의 삶이 송두리째 부서지는 경험은 그의 은신의 시간과 바르트부르크(Wartburg) 성에 추방된 것이었다.
- 존 웨슬리(John Wesley) 목사의 삶이 송두리째 부서지는 경험은 식민지 조지아에서 그의 선교 활동의 처참한 실패였다.
- 패니 크로스비(Fanny Crosby)의 삶이 송두리째 부서지는 경험은 유아기에 돌팔이 의사의 잘못으로 실명된 사건이었다. 그녀의 전기 작가인 버나드 루핀(Bernard Ruffin)에 따르면, 그럼에도 패니는 죽기 4일 전에 다음과 같은 말을 남겼다: "나는 창조주께서 나에게 물려준 가장 큰

축복이 그가 나의 외부를 향한 시각을 닫은 것이라고 믿는다… 시력을 잃은 것은 나에게 있어 전혀 손실이 아니었다… 내가 그때 그 의사를 만나게 된다면 나는 그가 자신도 모르게 나에게 세상에서 가장 큰 도움을 주었노라고 말할 것이다."

이와 같이 하나님이 우리를 깨뜨리는 방법은 삶 자체가 송두리째 부서지는 것과 같은 바닥 경험에서 시작되지만 또한 삶 전체에 걸친 과정이다. 그것은 하나님이 모든 인간적인 보호 및 안전장치를 우리에게서 거두어 내는 경험, 우리의 자기중심적 삶의 껍질을 먼저 깨뜨리는 경험, 성령이 참 능력을 갖고서 우리 안에서 흐르기 시작하는 경험이다.

하나님의 목표물

일반적으로 하나님이 깨뜨리려는 대상은 우리의 자기 중심적 삶이라고 말할 수 있다. 그러나 하나님이 우리의 삶을 송두리째 부수는 경우에는 그보다 더 구체적인 목표물이 있음을 우리는 안다. 하나님은 사람의 가장 큰 강점, 즉 세상적 안전과 자신감을 주는 것을 목표물로 삼으신다. 그 이유는 무엇일까? 그것은 하나님이 그 사람의 자기 중심적 삶의 전체 시스템을 무너뜨리는 것을 목표물로 하시기 때문이다. 이를 위해 하나님은 그 핵심을 바로 공략하신다.

하나님은 육적으로 가장 강하다고 여기는 부분을 치신다. 왜냐하면 여기를 부숴버리면 자기 의존적 삶의 나머지 부분도 같이 무너지게 될 것임을 하나님은 아시기 때문이다. 따라서 이 근원적 깨어짐의 경험 속에서 하나님은 급소를 공략한다고 말할 수 있다.

우리가 살펴본 성경의 사례를 되짚어 보면 하나님의 일하심에 있어 이러한 원칙을 분명히 볼 수 있다.

모세

모세의 가장 큰 인간적 강점이 무엇이었나? 그가 가장 자부하는 것이 무엇이었나? 그것은 바로 그의 리더십, 그의 군사 통솔력이었다. 무엇보다도 모세는 이스라엘 백성들을 이끄는 능력에 대해 신뢰를 갖고 있었다. 하나님이 모세로 하여금 실패하도록 만드신 출애굽기 2장에 나타나 있는 부분이 바로 이것이었다.

베드로

베드로는 "모두가 주를 버릴지라도 나는 결코 버리지 않겠나이다… 내가 주와 함께 죽을지언정 주를 부인하지 않겠나이다"(마태복음 26:33, 35)라고 말하였다. 그의 이 자신감은 그의 용기, 충성심, 용감함과 영웅심에서 나왔다. 하나님은 베드로의 삶 가운데서 바로 이 부분을 공략하였다.

야곱

야곱의 모든 자신감은 자신의 능력에 뿌리를 두고 있었다. 그래서 하나님은 바로 그 부분을 무력하게 했다. 하나님은 야곱이 에서와 그의 400명의 무장한 장정을 마주해야 하는 바로 그 순간에 그의 모든 간계가 아무 소용없게 만들었다.

이사야

이사야의 경우 그것은 자기의였다. 그래서 하나님은 이사야에게 하나님의 거룩함을 보여주셨고 그 순간 이사야는 자신의 사악함과 타락을 깨닫게 되었다. 하나님은 이사야의 자기의를 벗겨내셨다. 이사야는 "재앙이 나에게 닥치겠구나! 이제 나는 죽게 되었구나!"(이사야 6:5)라고 부르짖으면서 그 자신의 거룩은 완전히 실패였음을 고백하였다.

아브라함

아브라함에게 그것은 그가 가장 소중히 여기는 아들이었고 그렇게 오랫동안 기다린 아들을 하나님은 아브라함에게 죽이라고 명령하신다. 아브라함이 자식의 목숨을 바칠 준비를 할 때 하나님의 천사가 "그 아이에게 손을 대지 말아라… 네가 너의 아들, 하나뿐인 아들까지도 나에게 아끼지 아니하니, 네가 하나님 두려워하는 줄을 내가 이제 알았다"(창세기 22:12)라고 말하였다.

다윗

다윗의 자신감은 골리앗을 무찌른 후 이스라엘의 영웅이 된 그의 명성과 역할이다. 그래서 하나님은 그로 하여금 도망자 및 범법자 신세에 처하게 함으로써 7년이라는 긴 시간 동안 이스라엘에서 잊혀진 존재가 되게 하였다.

바울

바울의 자신감은 그가 갖고 있는 뛰어난 유대인 혈통에 있었다(빌립보서 3:4-6). 그는 바리새파 사람으로 존경받는 랍비 가말리엘의 총애를 받았으며(사도행전 22:3), 당시 그 누구보다 빠르게 유대교 내에서 지위를 높여 갔다. 그래서 하나님은 그의 모든 지위를 박탈하고 아무로 알아주지 않는 자로 아라비아 사막에서 3년간 지내며 그를 겸손하게 만드셨다.

요셉

요셉의 자신감은 아버지의 가장 큰 사랑을 받은 아들이라는 것과 다른 형제들 보다 그를 높이 세우겠다고 약속 받은 그의 꿈에 있었다. 그래서 하나님은 그를 이집트에서 13년간 옥살이를 하는 가장 낮은 자로 만드셨다.

욥

욥의 자신감은 그의 모든 물질적 융성함과 번영에 근거한 자만한 자기의에 있었다. 하나님은 바로 여기를 공략하셨다.

위의 사례들에서 보듯이 하나님은 세상적으로 강한 그 부분을 표적으로 삼아 깨뜨리신다.

하나님은 잔인한 분인가?

하나님이 왜 이러한 방식으로 일하시는지 여러분은 의문을 가질 수 있다. 하나님의 방법은 인정사정도 없고 잔인하게까지 보일 수 있다. 그러나 이러한 생각은 하나님이 깨어짐을 통해 이루려고 하시는 것을 이해하지 못하기 때문이다. 하나님이 단순히 우리의 관심을 끌기 위해서 만은 아니다. 만일 관심을 얻는 것이 하나님의 의도라면 훨씬 덜 잔인한 방법으로 그 목적을 이룰 수도 있다. 그 대신에 하나님은 우리가 신뢰하는 자원들을 깨뜨리고자 한다. 그리고 이를 위한 가장 효과적인 방법은 우리가 육신적으로 가장 강하다고 확신하는 곳을 공략하는 것임을 하나님은 잘 알고 계신다. 자기 중심적 삶의 그 부분을 깨뜨리면, 다른 모든 부분도 무너진다는 것을 하나님은 알고 계신다.

하나님은 우리의 성격이나 기질을 급진적으로 변화시키려고 하지 않음을 나는 추가해서 말한다. 기독교인들에게 약함이란 강점이 잘못 사용되고 있다는 것이다.

우리가 논의했던 성경의 위대한 인물들을 다시 한번 살펴보자. 하나님은 각각의 인물들에게 본인만의 강한 개성을 주셨다. 문제는 그들이 하나님이 주신 강점을 잘못 사용한다는 데 있다. 그들은 하나님의 영광이 아니라 자신의 영광을 위하여 이를 사용하고 있었다. 그들은 성령의 능력이 아닌 육적인 열심에 이를 사용하고 있었다. 그래서 하나님은 그들이 사용하는 방법을 변화시키길 원하신다 – 육신의 이끎이 아닌 성령의 이끎으로.

주의 깊게 살펴보면 우리는 성경 속 인물들의 삶 가운데 하나님의 결정타를 받은 바로 그 부분이 깨어진 이후에는 가장 큰 강점이 되는 것을 알 수 있다. 다른 점이라면 이제 이 깨어진 부분은 성령의 통제하에 있으며 하나님의 영광을 위해 헌신된다는 것이다.

하나님은 깨뜨리실 때 기독교인의 인간적 강점을 겨냥하신다. 그리고 하나님이 이루고자 하는 것은 강점을 파괴하는 것이 아니라 정제하는 것이다.

하나님의 수단

삶의 바닥을 칠 때 하나님은 각 사람에게 꼭 맞는 도구를 사용하신다. 의사들이 모든 환자에게 같은 처방을 할 수 없듯이 하나님도 모든 밑바닥 경험에 동일한 망치와 모루를 사용할 수는 없다. 겨냥하는 부분에 따라 많이 달라진다. 특정한 목표물에 효과가 높은 무기가 따로 있다. 그러니까 나의 요점은 하나님이 우리를 깨뜨리기 위한 방안은 각 그리스도인마다 다르다는 것이다.

하나님이 어떤 수단을 선택하느냐에 관계없이 하나님이 주시는 근원적 경험은 항상 실패, 좌절, 상실, 퇴보, 허약, 질병, 마음의 고통, 괴로움, 실망, 아픔 등을 수반한다. 하나님은 그 누구도 성공으로 깨뜨리시는 법이 없다. 하나님은 성경 공부, 기도, 설교, 간증, 교제 등의 수단을 사용하여 결정적인 깨뜨림의 한 방을 가하시는 경우가 없다.

하나님이 이제까지 깨뜨리신 모든 기독교인은 인간적 실패와 상실로 깨어진 것이다. 다윗의 깨어진 경험에 대한 간증에 귀 기울여 보라:

"내가 고난을 당하기 전까지는 잘못된 길을 걸었으나, 이제는 주님의 말씀을 지킵니다."(시편 119:67)

그리고 또 말하기를 "고난을 당한 것이, 내게는 오히려 유익하게 되었습니다. 그 고난 때문에, 나는 주님의 율례를 배웠습니다."(시편 119:71)

핵심은 하나님은 사람들을 깨뜨리는 데 고난을 사용하신다는 것이다. 깨어짐을 대략 살펴보더라도 그 중심에 고난이 마치 강한 물살처럼 흘러가는 것을 볼 수 있다. 그러나 이것이 나쁜 일이 아니다. 이러한 사람들이 겪은 모든 실패, 실망, 상실은 영광스러운 목적을 갖고 있었다. 그것은 하나같이 이 사람들로 하여금 하나님께 그들 자신을 던지게 하는 데 그 목적이 있었다.

이러한 교훈은 결코 성공이나 번영을 통해서는 배워질 수 없는 것이다. 찰스 스탠리(Charles Stanley)는 다음과 같이 적절히 표현했다: "예수님은 우리가 필요로 하는 전부입니다. 그러나 정말 우리가 가진 것이 예수님뿐인 상황이 오기 전까지는 우리는 결코 이 진실을 깨닫지 못합니다." 이것이 바로 깨어짐과 실패가 함께 오게 되는 이유이다. 하나님은 그래서 우리가 가진 것이라고는 오직 예수님뿐인 상황으로 우리를 몰아내시는 것이다.

우리가 역사를 따라 하나님의 위대한 인물들을 살펴볼 때 그들에게 가해진 것이 바로 이 방식이었음을 우리는 발견하게 된다. 실패와 상실이 승리 전에 오는 것이다.

마르틴 루터 (Martine Luther)

하나님은 이 사람을 바르트부르크(Wartburg) 성에서 1년간 은신케 함으로써 깨뜨리셨다. 그는 대부분의 유럽 국가에서 추방을 당했고, 그가 공개 장소에 나타날 경우 사실상 사형 선고를 받은 것과 마찬가지였다. 그러나 좁고 축축하고 외딴 성 안에서 하나님은 한 사람의 신학 교수를 하나님의 사람으로 바꾸셨다. 우리는 루터 하면 성경의 진리를 향한 강한 십자군을 연상하지만, 하나님은 그가 그러한 십자군이 되기 전에 그에게 깊은 실패와 상실을 경험하게 하셨다.

존 웨슬리 (John Wesley)

하나님은 조지아에서 미국 인디언의 선교사였던 그가 선교활동에 비참하게 실패하도록 함으로 깨뜨리셨다. 그가 1735년 조지아를 떠날 때 대부분의 주민들은 화가 나 있었고 그를 등지게 되었다. 웨슬리는 완전히 낙담한 채 잉글랜드로 돌아왔다. 이러한 마음에 갇힌 상태에서 그는 1738년 올더스게이트 기도원(Aldersgate Chapel)에 들어섰는데, 그때 그의 일기에 적힌 것처럼 그의 마음이 "이상하게도 뜨거워지는" 것을 느꼈다. 올더스게이트에서의 경험이 과연 존 웨슬리의 회심이었는지 아니면 그의 완전한 항복이었는지에 대해서는 이견이 있다. 어떤 것이었든 간에 웨슬리의 사역에 능력이 더해진 것은 바로 이 시점부터이다.

허드슨 테일러 (J. Hudson Taylor)

하나님은 중국을 일깨운 이 위대한 선교사를 질병으로 깨뜨리셨다. 테일러 선교사는 중국에서 6년간 사역한 뒤 몸이 너무 병약해져서 영국으로 귀국할 수밖에 없었다. 29세가 되었을 때 그는 사실상 불구 상태가 되었고, 그의 의사는 그가 다시 중국으로 돌아가면 안 된다고 말했다. 그렇게 5년간의 긴 은둔 시간 동안 테일러는 사역에서 배제되었고, 그의 저서 "영적 비밀"에서 밝힌 것처럼 "입을 닫고 오로지 기도와 인내로" 보냈다. 그러나 바로 이 쓸쓸한 병상에서 하나님은 테일러를 다시 중국으로 돌아가 예수 그리스도의 복음으로 중국을 일깨울 수 있도록 만드셨다.

애도니람 저드슨 (Adoniram Judson)

하나님은 미얀마에 파송된 저드슨 선교사를 비극과 고난으로 깨뜨리셨다. 저드슨은 그의 첫번째 부인과 모든 아이들을 미얀마에 묻었다. 이후 그는 그의 둘째 부인도 그곳에 묻었다. 그는 미얀마에서 처음 몇 년 동안의 대부분을 감옥에서 보냈는데 그곳에서 성경을 현지어로 번역하는 일의 상당 부분을 완성하였다. 저드슨 선교사는 6년의 사역 후에 비로소 첫 회심자를 볼 수 있었다. 그러나 이러한 고난과 상처 속에서 하나님은 큰 능력을 가진 한 사람을 만드셨다. 그는 평생 동안 63개의 교회를 설립하였고 7천 명 이상을 하나님의 자녀로 인도하였다.

로버트 리 (Robert E. Lee)

리 장군은 1853년 여름에 예수님을 영접하였다. 그는 믿음을 갖기 전까지 미국 육군에서 화려한 군 경력을 쌓았고 웨스트 포인트 사관학교의 교장을 역임하였다. 많은 사람들은 리 장군을 1862년 6월 1일부터 남북전쟁이 끝날 때까지 북버지니아 군의 유명한 장군으로만 알고 있다. 그러나 그의 남부연합군 총사령관으로서의 첫번째 지휘는 완전히 실패했다. 그는 1861년에 버지니아 서부지역(지금의 웨스트 버지니아주)을 방어하고 북부연합군을 물리치라는 임무를 받았다. 그러나 북부연합군이 버지니아 서부에서 리 장군을 물리침에 따라, 버지니아 서부는 북부연합군의 수중에 들어갔다.

그 이후 언론은 리를 호되게 비판하였고 대중들은 그를 조롱하였다. 사람들은 그를 이름값도 못하는 인물이라고 비판하였고 병사가 아니라 할머니처럼 전투했다는 의미로 그를 '할머니 리'라는 별명으로 불렀다. 그가 맡은 다음 지휘관 임무는 사우스 캐롤라이나에서 방어용 참호를 짓고 해안을 경비하는 것이었다. 그것은 전략적인 지휘 업무라고 하기 어려운 일이었다. 그 일조차도 리에게는 과분하다고 불평한 사람들이 꽤 있었다. 우리는 리 장군 하면 그의 애마 트레블러(Traveler)에 올라탄 용맹스러운 무적의 군인을 떠올린다. 그리고 하나님도 이런 리 장군을 사용하신 것이 맞다. 그러나 그 전에 하나님은 사람들이 가장 부러워하는 그의 군사적 능력의 처절한 실패로 그를 깨뜨리셨다.

에이브러햄 링컨 (Abraham Lincoln)

하나님은 링컨을 수년간의 실패와 고난으로 깨뜨리셨다. 일곱 살의 나이에 그는 가족을 돕기 위해 일을 해야 했다. 아홉 살에 그의 어머니가 죽었다. 23세에는 잘못된 비즈니스 거래로 인해 빚더미에 앉았고 이를 갚는 데 몇 년이 걸렸다. 28세에는 사랑하는 여인으로부터 버림을 받았다. 37세에 삼수 끝에 처음으로 연방 하원의원에 당선되었다. 39세에는 재선에 실패하였다. 이 즈음에 그는 오늘날 흔히 우울증으로 불리는 증세로 고통을 받았다. 41세에 그의 네 살짜리 아들이 죽었다. 43세에 그는 일리노이주 토지관리관 직위에 응모했으나 거절당했다. 45세에 미국 상원의원에 출마했으나 낙선되었고, 47세에는 부통령 후보 경선에 참여했다가 낙선되었다. 49세에 상원의원에 다시 출마했지만 낙선했다. 51세에 미국 대통령으로 당선되었다.

패니 크로스비 (Fannie Crosby)

패니 크로스비는 정상적인 여자 아이로 태어났다. 생후 6개월에 눈에 감염증이 생겼다. 그때 담당 의사가 출타 중이어서 크로스비의 부모는 한 외과의사에게 그녀의 진료를 맡겼는데 그는 실력이 형편 없는 의사였음을 뒤늦게 알게 되었다. 그는 크로스비의 눈에 뜨거운 압박붕대를 감아 두 눈의 각막에 영구적인 손상을 입혔다. 뉴욕의 최고 전문의조차도 이 돌팔이 의사가 저지른 잘못을 되돌릴 수 없었다. 그녀의 부모는 절망에 빠졌다. 그러나 크로스비는 이에 굴하지 않고 미국 역사상 가장 많은 찬송가를 쓴 작곡가가 되었다. 그녀는 훗날 만일 볼 수 있었다면 그렇게 찬송가를 쓸 수 없었을 거라고 자주 고백했다. 그리고 만약 그녀에게 선택의 기회가 주어진다면 또 다시 하나님이 자신을 실명시키도록 할 것이라고 말했다.

겁 없는 기도

하나님의 제자로서 우리 중 많은 사람들은 적어도 한 번쯤은 하나님께 쓰임받게 해 달라고, 예수님의 능력있는 종이 되게 해 달라고, 그리고 이것이 우리 삶에 실현되도록 필요하다면 무엇이든 하시라고 기도드린 적이 있을 것이다. 우리가 그러한 기도를 드릴 때는 우리는 진실로 하나님께 깨어짐을 요청하고 있는 것이다. 그래서 하나님은 문제, 괴로움, 마음의 고통을 우리의 여정에 보내신다. 하나님은 우리 자신에게 꼭 맞는 실패, 퇴보, 상실 등을 보내신다. 우리는 흔히 이것들을 비극이라고 부른다.

그러나 진짜 비극은 이것이다. 하나님은 우리의 기도에 응답하고자 했음에도 우리는 깨어짐의 원리와 과정에 대한 무지로 흔히 하나님을 원망한다. 우리는 주신 과정에 저항하고 우리를 이러한 어려움에 빠뜨린 하나님께 분개하는데, 이는 이러한 과정이 우리를 영적으로 사용 가능한 존재로 만들기 위한 하나님의 빈틈없는 계획에 따른 것임을 이해하지 못하기 때문이다.

주의 제자들의 삶에 있어서 그 어떤 것도 우연은 없다. 하나님은 모든 세밀한 부분까지 적극적으로 지시하고 명령하신다. 하나님은 우리의 자기 의존적 삶을 가장 효과적으로 깨뜨리는 방법이 무엇인지 알고 계시며, 바로 그 방법을 우리가 직면하도록 하신다. 그리고 사랑의 하나님이 우리를 위해 무엇을 선택하셨든지 – 비록 우리 스스로는 절대 그것들을 선택하지 않았을지라도 – 그것은 우리에게 최선의 것이다.

깨어짐의 과정은 아주 불쾌하고 모든 것을 잃는 듯한 경험이지만, 저명한 작가이자 연사인 척 스윈돌(Chuck Swindoll)이 그의 저서 "인생의 계절에 견고히 성장하기(Growing Strong in the Seasons of Life)"에서 말한 것처럼 그 결과는 그럴 가치가 있다. 척 스윈돌은 다음과 같이 말하였다.

"우리는 얼마나 이상한 존재인가! 우리는 화려하게 보이는 성공의 빛에 현혹되어 희미하게 보이고 손에 잘 잡히지도 않는 정상으로 인도하는 길을 따르지 못한다. 혹독한 고난, 불공평하고 부당한 착취, 외로움과 상실, 굴욕적인 실패, 맥빠지게 하는 실망감 등… 우리는 이와 같은 불청객들을 싫어한다. 우리는 그들을 친구가 아닌 적으로 취급한다. 사실은 정말로 따를 가치가 있는 것들은 용광로에 녹이고 두드린 후 모양을 바로잡아 담금질을 통해서 나오는 것임을 우리는 잊고 있는 것이다."

달리 표현한다면 – 그것들은 깨어져 왔다.

나의 기도에 대한 하나님의 응답

적어도 1991년까지 나에게는 모든 것들이 순조롭게 잘 진행되었다. 나는 10년 동안 맥클린 바이블 교회의 담임목사로 봉직하고 있었다. 교회는 성공적으로 이전을 해서 이제 주변 세상에 영향력을 미칠 준비가 되어 있었다. 교회 전체의 신임 투표 결과 나는 담임으로서 새로이 신임을 받았다.

교회는 성장했으며 매주 평균 1천 명 이상이 출석했다. 이제 폭발적인 성장을 위한 예열을 마치고 수도 워싱턴 지역에서 하나님을 위한 사역의 중요한 발판이 마련된 것이다. 하나님의 나라와 영광을 위하여 나를 크게 사용해 달라는 나의 기도가 드디어 응답되는 것으로 보였다.

그러나 상황은 그렇게 흘러가지 않았다. 내가 오만해지기 시작했고 잘못된 이유를 갖고 교회의 성장을 원한다는 것을 하나님은 알고 계셨다. 그래서 하나님은 나에게 커브볼을 던져서 나를 넘어뜨려 현실로 몇 발 물러서게 하셨다. 딸의 출생과 곧 이은 투병의 타이밍은 우연이 아니었다. 하나님이 나를 신뢰하여서 맥클린 바이블 교회에 성장과 영향력을 보내 주시기 전에 나를 깨뜨려야 함을 그는 알고 계셨다. 그렇지 않았으면 분명 성공은 내 머리로 향했을 것이고 결국 이로 인해 나를 망치고 하나님의 이름을 더럽혔을 것이다.

그렇다. 하나님은 나를 최대한 사용하시라는 나의 기도에 응답하셨다. 그러나 내가 이것을 이해하는 데는 몇 년이 걸렸다. 나는 비탄에 빠졌으며 하나님의 개입에 대한 논리적 설명을 찾으려고 했다. 왜 하나님은 나와 나의 가족에게 이런 일을 행하셨을까? 나는 아무 설명도 찾을 수 없었다. 내 삶을 되돌아보면서 이렇게 하나님의 징벌을 받을 만한,

하나님의 뜻을 거역한 죄스러운 행동이 있었는지 찾으려 했다.

나는 잘못되고 있는 모든 것들을 스스로 통제하려 함으로써 사태를 더욱 악화시켰다. 나는 나의 에너지와 지혜를 가지고 딸과 그녀의 상태를 고쳐보려고 계속 시도하였다. 나는 하나님께 기적을 행하셔서 내 딸을 치유해 달라고 간청했다. 아무리 내가 열심히 기도를 해도 아무것도 바뀌지 않는 것처럼 보였다. 내가 아무리 하나님께 울부짖어도 하늘은 마치 놋쇠로 만들어진 것처럼 느껴졌다. 나의 기도는 들리지 않고 응답도 없이 내게로 튕겨져 돌아왔다.

나는 결국 딸과 그녀의 건강을 하나님 손에 맡겨야만 하는, 그녀를 포기하고 놓아 줄 수밖에 없는 순간에 이르렀다. 나는 하나님이 아브라함에게 그의 아들을 제단에 바칠 것을 명령할 때의 창세기 22장의 아브라함과 아주 비슷한 느낌이었다. 마침내 나는 더 이상 할 것이 없었다. 의사는 딸이 2000년을 넘기지 못할 것이라고 우리에게 통보했으며 나는 체념하여 하나님이 원하시는 무엇이라도 받아들일 수밖에 없었다.

그리고 정말 극적으로 딸은 나아지기 시작했다. 여전히 딸은 말을 할 수 없었지만 사람들과 교감하고 반응하며 또 점차 움직임도 많아졌다. 우리는 그녀가 행복해하고 있음을 알 수 있었다. 조금씩, 아주 조금씩 아내와 나는 우리의 삶에 희망이 다시 스며들고 있음을 느꼈다. 거의 10년간 우리의 감정을 뒤덮었던 검은 먹구름이 걷히기 시작했다.

우리가 광야를 벗어났을 때 우리 둘은 다른 두 사람이 되어 있었다. 나의 경우 특히 그랬다. 사람들은 나의 설교가 이전보다 더 부드럽고 세심하며, 더 현실감이 있으며, 더 성령 충만하게 달라져서 좋다고 말하기 시작했다. 사람들은 내가 이전과는 전혀 다른 방식으로 회중들과 관계를 맺는다고 말했다. 많은 사람들이 내가 사람들과 그들의 아픔에 대해 전혀 새로운 민감성을 갖고 있음이 분명하다고 말했다.

사람들이 우리 교회에 몰려들기 시작했다. 비록 우리는 양적 성장 프로그램을 운영하고 있지는 않았지만(나는 성장 지표를 사용해서 성공을 정의하는 것을 멈췄다), 사람들이 수천 명씩 몰려왔다. 이러한 성장은 현재까지 계속되고 있다. 이제 교회 출석 인원이 매주 1만 명을 넘는다.

핵심을 다시 정리해 보자. 하나님은 나의 삶에 깨어짐의 작업을 행하셨다. 그는 내가 갖고 있는 모든 인간적 버팀목들을 무너뜨렸다. 그는 나 자신이면 충분하다는 생각, 자신의 지혜 그리고 내가 가진 자원을 모두 부수셨다. 그는 나를 예수 외에는 아무것도 없는 자로 축소시켰다.

하나님은 어떻게 이것을 행하셨나? 그것은 매우 간단하다. 내가 갖고 있던 가장 큰 두려움은, 사실 그것은 병적인 공포라고 할 수 있는데, 항상 내가 장애를 가진 아이를 가질지도 모른다는 것이었다. 아내가 임신했을 때마다 나는 9개월 동안 심한 공포 속에서 살았다. 우리 아이들의 건강에 관해서라면 나는 그것이 크건 작건 모든 문제들을 고치는 데 집착했다. 아이들 중 하나가 아프거나 다쳤을 때면 나는 극도로 우울해졌고 조금이라도 문제의 가능성이 보이면 의사에게 아이들을 데려갔다. 나는 약속을 잘 지키는 능력이 있고, 모든 수단을 적극 활용할 줄 알았으며, 솔직하게 말하자면 아주 과민하였다. 나는 이런 나의 모습을 가장 큰 강점 중의 하나로 생각했다. 이 부분이 바로 주님이 아셨던 나의 공략 대상이었다. 그리고 그것은 통했다.

무디처럼 그 모든 고통에도 불구하고 나는 그 어떤 것을 준다고 하더라도 과거의 나로 돌아가지 않을 것이다.

나눔을 위한 질문

1. 당신은 대부분의 사람들이 그들의 삶 가운데 과정 없이 결과만을 원한다는 것에 동의하는가? 그렇다면 당신 자신은 어떤가?

2. 당신은 살면서 당신의 모든 것들이 산산조각나서 바닥까지 내려가는 경험을 한 적이 있다고 생각하는가? 그렇다면 그 경험들이 당신의 하나님과의 여정을 어떻게 바꾸었는지를 말해 보라.

3. 만약 하나님이 당신이 갖고 있는 가장 인간적인 강점을 깨어짐의 경험으로 삼는다면 그것이 무엇일까?

4. 하나님은 당신의 어느 부분을 깨뜨리려고 하실까? 이때 당신은 어떻게 그 과정에 저항하거나 분노할까? 이번 장에 비추어 볼 때 당신은 하나님께 어떻게 반응하려는가? 그 이유는?

· 제5장 ·

하나님이 수비 라인에 구멍을 내시다

앞에 아무것도 없고 뒤에도 없다.
믿음의 발걸음이
텅빈 공간을 지나지만
그 밑에 바위가 있음을 발견한다.

~허드슨 테일러의 영적 비밀 (Hudson Taylor's Spiritual Secret)~

미국 전역에서 그리스도를 따르는 자들이 깨어진다면, 부흥의 불이 이 땅을 휩쓸고 세계를 덮을수 있을 것이다. 오늘날 이런 종류의 진리를 설교해서 많은 사람들을 모으기는 어려울 것이다. 그러나 그래도 다시 한번 하나님의 능력이 나타나서 미국을 압도하는 것을 보기 위해서는 반드시 마주해야 할 문제들이다.

유다 왕 여호사밧은 깨어짐에 있어서 가장 중요한 태도를 요약했다. 유다 군대가 적군에 둘러싸여 도무지 승리할 희망이 보이지 않을 때, 그는 이렇게 말했다:

"오, 하나님… 우리를 치러 오는 이 큰 무리를 우리가 대적할 능력이 없습니다. 우리는 어떻게 해야 할지 모르겠고, 오직 주만 바라보나이다…"(역대하 20:12)

이것이 깨어짐이다. 자기 지혜, 자기 신뢰, 자기로 충분하다는 생각이 없어지는 것이다. 이것은 하나님만 전적으로 의지하고 다른 어떤 것에도 의지하지 않는 것이다:

"오직 주만 바라보나이다."

이러한 깨어짐의 결과는 그만한 가치가 있다. 에녹처럼, 깨어진 그리스도인은 하나님과 동행한다. 모세처럼, 깨어진 그리스도인은 하나님의 길을 안다. 아브라함처럼, 깨어진 그리스도인들은 하나님의 친구이다. 다윗처럼, 깨어진 그리스도인들은 하나님의 눈동자이다. 마리아처럼, 깨어진 그리스도인들은 큰 은총과 축복을 받는다. 깨어진 그리스도인은 하나님과 함께하는 특별히 친밀한 관계와 특별한 능력을 안다.

지금까지 깨어짐에 대해 말한 모든 것을 듣고 나면 우리는 다음과 같은 논리적 질문을 하게 된다. 깨어짐이 그렇게 중요하다면 왜 그리스도를 따르는 더 많은 사람들이 깨어지지 않는가? 이에 대한 대답은, 하나님이 우리를 깨뜨리는 것을 방해하는 것들이 있다는 것이다. 이 장에서, 우리는 하나님이 우리를 깨뜨리시는 과정 중에 나타나는 네 가지 주요 장애물을 살펴보고, 그것들을 부수는 하나님과 어떻게 협업할지를 배울 것이다.

무지의 장애물

이것은 아마 그리스도를 따르는 사람들 개개인의 삶에서 깨어짐을 방해하는 가장 큰 장애물일 것이다. 우리는 종종 하나님이 우리를 깨뜨리기 시작하실 때 우리에게 무슨 일이 일어나고 있는지에 대한 분명한 이해를 갖지 못한다. 그 결과로 다른 어떤 것보다도 혼란함으로 인하여 우리를 깨뜨리시려는 하나님의 시도에 대하여 저항하고 반대하게 된다.

우리가 초신자일 때 배웠던 그리스도인의 삶에 대한 기초적인 소개가 이러한 오해를 불러일으키는 경우가 상당히 많다. 많은 사람들이 우리가 성경을 읽고, 기도하고, 증거하고, 교제하면 하나님이 우리 삶을 순조로운 항해로 이끄신다고 배웠다. 그런데 우리는 하라는 대로 다 하는데, 오히려 우리의 삶은 무너지기 시작한다. 우리는 무릎을 꿇고 우리의 삶에서 죄를 찾아보기 시작한다. 하지만 하나님께 드러내 놓고 도전적으로 불순종한 적이 있는 것 같지 않다. 우리는 더 열심히 찾아보지만, 여전히 아무것도 나타나지 않는다.

이 시점에서 우리는 종종 깨어짐에 대한 무지의 희생자가 되고 문제가 시작된다. 그 진행 과정에 순종하기보다는, 하나님이 우리를 깨뜨리시는 방향과는 다른 방향으로 회피한다. 이러한 다른 방향은 일반적으로 분노 아니면 잘못된 죄책감, 이 두 가지 중 하나의 결과로 나타난다.

분노

때때로 우리는 화를 내며 하나님의 손길에 저항한다. 우리를 깨뜨리려는 하나님의 시도를 따르는 대신 우리는 할 수 있는 한 그것을 피하려고 한다. 우리는 우리에게 무슨 일이 일어나고 있는지 이해하지 못한다. 우리는 그것을 좋아하지 않는다. 그것이 정말로 하나님께로부터 왔다는 것을 믿지 않으려 한다. 그래서 어떤 대가를 치르더라도 그것을 회피하고 그것으로부터 탈출하려고 한다. 그렇게 할 수 없을 때 우리는 하나님을 원망하고, 그리스도를 따르는 자들에게 주어지는 기쁨을 잃어버린다.

우울증과 잘못된 죄책감

한편으로 우리는 잘못된 죄책감과 우울증에 빠져들기도 한다. 우리는 하나님과 동행하고 하나님을 믿는 그리스도인들은 항상 건강하고, 부유하고, 번영하고, 성공하고, 행복할 것이라는 설교들을 들어 왔다. 이런 일들이 일어나지 않으면, 우리에게 무언가 근본적인 문제가 있다는 결론을 내린다. 아마도 하나님이 무슨 일 때문에 우리에게 화가 났을 것이다. 어쩌면 우리는 하나님을 진심으로 믿고 있지 않을 수도 있다. 어쩌면 우리에게 요구되는 만큼의 믿음조차 없을 수도 있다. 어쩌면 이 기독교 전체가 희극으로 생각될 수도 있다. 그러면 우리는 갑자기 잘못된 죄책감, 의심, 낙담, 절망, 심지어 우울증에 빠진다.

욥은 이러한 오해의 희생자였다. 하나님은 욥이 가지고 있던 이 땅의 모든 소유물과 건강까지 빼앗아 버리심으로써 그의 삶을 그 기초부터 깨뜨리셨다. 그러나 욥은 깨어짐에 대한 하나님의 원리에 대해 몰랐다. 깨어짐에 대한 이러한 무지는 그의 모든 분노 폭발, 낙담, 하나님의 손에 대한 저항으로 이어졌다. 욥기 전체는 하나님이 그에게 행하신 일을 이해하기 위한 욥의 힘겨운 투쟁에 대한 기록이다.

책의 마지막 부분에서, 욥이 마침내 이해했을 때, 자신의 잘못된 태도와 말을 회개했다. 그는 하나님께 이렇게 말했다:

"깨닫지도 못하면서 함부로 말하였습니다… 그러므로 저는 제 주장을 거두어들이고 티끌과 잿더미 위에 앉아서 회개합니다."(욥 42:3 하반절, 6절)

그리스도를 따르는 많은 사람들이 욥과 같은 길을 걸어 왔다. 우리는 그것을 이해하지 못했기 때문에 하나님이 깨뜨리시는 과정에 맞서 싸우고 저항했다.

이 장애물에 대한 해결책은 이 시대의 설교자와 기독교 지도자들에게 있다. 우리는 성경적 가르침을 받아야 한다. 우리는 하나님이 우리 모두를 깨뜨리고자 하신다고 가르쳐야 한다. 우리는 우리를 다루고 있는 손길이 누구인지 깨닫도록 가르쳐져야 한다. 우리는 모든 고통과 질병과 실패와 상실이 악마에게서 오는 것이 아니라고 가르쳐져야 한다. 우리는 하나님이 하나님 자신의 목적을 성취하기 위해, 이러한 경험을 욥의 삶에 보내신 것처럼, 하나님 자신이 우리 삶에도 보내신다고 가르쳐져야 한다.

하나님이 삶의 여정에 보내시는 깨어짐의 경험은 우리에게 가장 좋은 것을 위한 것이며, 깨어짐의 경험들을 피하려는 시도는 어리석은 것이다. 깨어짐의 경험은 하나님이 우리를 위해 최선을 준비하시는 과정임을 배워야 한다. 잘 배운 그리스도인들은 자신의 삶에서 그 십자가를 벗어나려는 노력을 하지 않는다. 그러나 신실하지만 이해가 부족한 많은 그리스도인들은 그들을 깨뜨리고자 하시는 하나님의 모든 노력을 거부하고 피함으로써 하나님의 깨뜨리심을 여러 해 동안 지연시킨다.

우리 삶에 시련과 어려움이 닥칠 때 우리는 우리 삶에 의도적인 죄가 있는지 살펴보기 시작해야 한다. 그러나 우리가 아무 것도 발견하지 못한다면, 우리는 단순하게 하나님이 우리를 조금 더 깨뜨리신다고 생각하거나, 혹은 경우에 따라서는 하나님이 우리를 처음으로 깨뜨리려 하신다는 생각을 해야 한다. 우리 중 일부는 다음과 같은 기도를 할 필요가 있다:

"주님, 당신은 지금까지 저를 위해 일하셨습니다. 그러나 저는 참 어리석었습니다. 저는 이해하지 못했습니다. 저는 당신의 손에 저항했습니다. 저는 당신이 저를 깨뜨리기 위해 보내신 모든 것을 피하려고 노력했습니다. 그러나 주님, 지금은 당신의 손길을 봅니다. 당신의 복된 목적을 보고 있고, 오늘 제 자신을 당신께 온전히 드리고자 합니다. 오 하나님, 제 안에서 당신의 일을 행하소서."

자기 기만의 장애물

워치만 니가 잘 지적했듯이, 하나님이 우리를 깨뜨리고자 하실 때에 그분은 우리 자신을 있는 그대로 볼 수 있게 하신다. 우리는 하나님이 우리를 보는 것처럼 우리 자신을 보게 해야 한다. 하나님은 우리의 삶에서 하나님의 능력을 방해하는 자신의 죄를 우리가 인정하도록 하실 것이다. 문제는 우리가 우리 자신을 속이는 데 달인이라는 것이다. 그러므로 하나님은 우리를 깨뜨리기 위해 먼저 우리 자신에 대한 잘못된 인식을 벗겨내셔야만 한다.

이것이 바로 요한복음 21장에서 예수님을 향한 베드로의 사랑에 대해 예수께서 질문하실 때 일어난 일이다. 15절에서 예수님은 베드로에게 자신을 향한 아가페적 사랑이 있냐고 물으신다. 베드로는 예수님을 세 번이나 부인했기 때문에 그렇다고 말할 수 없었다. 그래서 베드로는 예수님에 대한 따뜻한 인간애의 필리아적 사랑(Philos)으로 답한다.

베드로는 예수님에 대한 사랑이 부족함을 이렇게라도 인정하는 것이 주님의 의도적인 질문을 만족시켰을 거라고 생각했을 것이다. 그러나 그렇지 않았다. 그 이유는 베드로는 여전히 자신을 속이고 있었기 때문이다.

17절에서 예수님은 그를 향한 필리아적 사랑이 있는지 베드로에게 더 물으신다. 성경을 보면, 베드로는 예수님을 향해 완화된 감정으로 고백을 하였음에도 불구하고 이에 대하여 도전하시는 것을 알아차리고는 마음이 슬펐다고 적혀 있다. 그래서 베드로는 "주님, 당신이 모든 것을 아십니다…"라고 말할 수밖에 없었다.

예수께서 베드로에게 어떻게 하시는지 보이는가? 하나님은 베드로의 삶이 바닥까지 깨어지는 경험을 하도록 베드로의 예수님 부인 사건을 세밀히 간섭하셨다. 베드로는 그 창피스러운 사건 이후에도 여전히 하나님이 원하시는 핵심에 이르지 못했다. 그는 여전히 자기 자신을 속이고 있었다. 진실을 말하자면, 이 시점에 베드로는 단 한 사람, 바로 자신만을 위해서 아가페적, 그리고 필리아적 사랑을 모두 가지고 있었다.

이것이 바로 예수님이 어떻게 베드로의 중심을 보시는가를 말해 준다. 예수님이 베드로에게 화가 난 것이 아니다. 예수님은 단지 베드로가 자기 마음의 솔직한 모습을 깨닫고 그것을 스스로 인정하게 하려고 하셨다. 예수님은 베드로가 자신을 속이는 것을 멈추게 하려고 애쓰셨다. 왜냐하면 베드로가 자기 기만을 멈추기 전에는 하나님이 그를 깨뜨리거나 변화시킬 수 없었기 때문이다.

하나님이 우리의 마음을 보듯이, 우리가 우리 자신의 마음을 볼 수 있게 하시는 하나님을 허용해야 한다. 그럴 때 우리는 놀라운 사실을 발견하게 된다. 언젠가 우리는 주님을 사랑한다고 말했지만, 하나님의 탐조등에 비춰 보면 실상은 우리 자신을 사랑하고 있음을 발견한다. 언젠가 우리는 주님을 위해 열심을 낸다고 말했지만, 하나님의 탐조등에 비춰 보면 우리의 열심은 실제로는 인정받고 싶어 하는 인간적 열정과 욕구에 의해 움직인다는 것을 발견하게 된다. 언젠가 우리는 주님의 영광을 위해 주님을 섬기고 있다고 말했지만, 하나님의 탐조등에 비춰 보면 우리의 봉사는 행동하는 것이 좋고, 말하는 것이 즐겁고, 성도들 사이에서 명성을 얻고 싶어 하는 열망에 기인하고 있다는 것을 알게 된다.

하나님의 탐조등이 우리의 마음을 더 깊이 비출수록, 깨어지지 않은 자신을 더욱 많이 보게 된다. 한때 우리가 하나님의 일이라고 불렀던 많은 부분이 단지 육적인 활동이었음이 드러난다. 우리는, 자기 중심적 삶이 우리의 대화, 활동, 일, 열심, 증거, 봉사 속에 실질적으로 얼마나 만연해 있는지를 인식하기 시작한다. 우리가 이것을 깨닫기 시작하면 하나님은 우리를 하나님 앞에서 낮아지게 하신다.

이것은 부정적이고 파괴적인 과정처럼 들리지만 사실은 정반대이다. 이러한 자기의 모습을 발견하는 고통에도 불구하고, 하나님은 우리가 그 눈물 속에서도 기뻐할 수 있도록 모든 과정을 부드러운 사랑과 위로로 함께하신다. 그 결과는 영광스러운 것이다: 우리는 하나님이 우리 삶의 모든 부분에 걸쳐 있는 자아의 지배를 깨뜨려 주실 것을 갈망하고 간구하기 시작한다.

깨어짐에 대한 이 두 번째 장애물에 대한 해결책은 우리 자신을 있는 모습 그대로 보여 달라고 하나님께 간구하는 용기를 갖는 것이다. 우리는 다윗이 드렸던 기도를 배워야 한다:

> "여호와여 나를 살피시고 시험하사 내 뜻과 내 마음을 단련하소서."(시 26:2) "하나님이여 나를 살피사 내 마음을 아시며 나를 시험하사 내 뜻을 아옵소서 내게 무슨 악한 행위가 있나 보시고…"(시 139:23-24)

하나님이 우리의 기도에 기쁨으로 응답하고자 하실 때 우리는 정당화하거나 합리화하지 않고 현실을 직면하는 용기로 응답해야 한다. 깨어진 그리스도인들은 하나님과 그들 자신에게 진실되고 정직해지고자 하는 사람들이다.

깨어짐은 우리를 두렵게 한다. 우리는 깨어짐이 우리에게 무엇을 요구할지 두려워한다. 우리는 하나님이 우리에게 하실 일이 두렵다. 우리는 깨어지는 것이 초래할지도 모를 희생이 두렵다. 부모는 자녀에게 어떤 희생이 초래되지 않을까 두려워한다. 사업가들은 자신의 경력이 희생되지는 않을까 두려워한다. 어떤 사람들은 그것으로 인해 그들의 건강과 부가 희생될까 두려워한다.

이 두려움은 영적 마비를 초래한다. 그러한 두려움은 우리로 하여금 우리의 시선을 예수님에게서 돌려 우리에게 닥칠지도 모를 두려운 상황에 두게 한다. 그것은 깨어짐의 경험을 통해 하나님이 우리에게 주시겠다고 약속하신 은혜와 자비와 힘과 기쁨을 망각하게 한다. 그리하여 두려움은 우리를 깨뜨리시려는 하나님의 뜻에 굴복하는 것을 피하게 만든다.

이 장애물에 대한 해결책은 하나님의 약속을 붙잡는 것이다. 성경의 진리는 두려움에 대한 유일하고 효과적인 해독제이다. 성경은 하나님의 온전한 사랑이 두려움을 쫓아낸다고 말씀한다(요일 4:18). 즉, 우리를 향한 하나님의 깊은 사랑과 관심 안에서 안식함으로써 우리는 두려움을 물리칠 수 있을 것이다.

하나님은 그가 우리의 손을 맞잡고 걸을 준비가 되어 있지 않으시다면 결코 우리에게 아무것도 요구하지 않으심을 기억해야 한다. 그분은 그 길에서 우리의 모든 발걸음을 붙들어 주실 것이다. 이미 말했듯이, 하나님은 그의 은혜가 우리를 지키지 않는 곳으로는 절대로 우리를 인도하지 않을 것이다.

그러나 우리는 은혜가 필요할 때까지 결코 그 은혜를 받지 못한다. 죽을 준비가 되었을 때 죽음의 은혜를 경험한다. 우리에게 나쁜 이웃이 있을 때에 나쁜 이웃의 은혜를 받는다. 우리가 혼자 되었을 때 편부모에게 주시는 은혜가 내린다. 우리가 일자리를 잃었을 때에 해고를 위로받는 은혜를 입는다.

마찬가지로, 우리는 깨어질 필요가 있을 때 깨어짐의 은총이 임한다. 우리에게 필요할 때 임하는 하나님의 은혜를 고려하지 않고, 하나님이 우리를 깨뜨리실지도 모른다는 가상의 위기감에 집중하게 되면 우리는 자신을 영적 속박과 마비에 빠뜨리게 한다.

1983년에 우리가 진입 도로의 곡선 구간을 벗어나 고속도로를 타려고 가속하는 동안 두 살배기 아들이 차에서 떨어졌다. 늦은 밤이었는데, 아들이 순식간에 우발적으로 문을 열어 버렸고, 차 밖으로 튕겨 나갔다.

다른 차들이 아이를 피하기 위해 급하게 방향을 바꾸는 것을 지켜보면서, 도로에 엎드려진 채 축 늘어진 아이의 작은 몸을 향해 달려갈 때, 하나님의 은혜는 형언할 수 없을 정도로 압도적이고 불가항력적이고 강력하였다. 나는 내 인생에서 그런 경험을 해 본 적이 없었다. 응급실로 급히 달려갈 때, 나의 마음에는 공포나 절규가 없었고, 오직 성령님의 평온이 있었다. 다행히도 하나님은 어린 아들의 생명을 구하는 것이 맞다고 보신 것이다. 하지만 그 끔찍한 순간에 하나님은 나에게 큰 교훈을 주셨다.

누군가 이런 일이 일어날 것이라고 미리 말해 주었다면, 나는 초조하고 두려워서 영적으로 꼼짝 못했을 것이다. 나는 미래에 내릴 은혜에 대한 것은 생각하지 않은 채 미래의 시련에만 집중했을 것이다.

깨어짐에 다가갈 때, 우리는 예수님께 집중해야 한다. 모든 시련을 감당하게 하시는 하나님의 절대적인 은혜의 약속을 기억해야 한다. 우리는 각각의 시련에 대해 그것들을 잘 감당할 수 있도록 주시는 주님의 긍휼과 위로와 힘을 기억해야 한다. 우리는 주님의 사랑과 자비를 확신해야 한다. 이 두려움에 대한 해결책은 우리의 눈을 예수님께 고정시키는 것이다.

완고한 자존심의 장애물

하나님이 우리를 깨뜨리기 시작할 때마다 우리의 완고한 인간적 자존심이 항상 문제가 된다. 우리는 이 질문을 정면으로 마주해야 한다: 내가 그것을 좋아하지 않거나 완전히 이해하지 못할지라도, 하나님이 내 삶에서 원하시는 일을 하도록 기꺼이 동의하겠는가?

지금 우리는 무지의 장애물을 이미 극복했다. 왜냐하면 우리는 깨어짐이 무엇인지를 지금은 알기 때문이다. 지금 우리는 자기 기만을 넘어섰다. 우리가 어떤 존재인지를 지금은 알기 때문이다. 이제 우리는 두려움도 넘어섰다. 예수님께서 우리에게 약속하신 것을 알기 때문이다.

이제 우리는 항복의 기로에 서 있다. 하나님께 복종하든지, 혹은 하지 않든지 둘 중 하나이다. 우리는 하나님이 우리를 깨뜨리시도록 허용하거나, 허용하지 않는 것을 선택할 것이다. 우리는 종종 많은 이유와 합리화로 이것을 어물쩍 넘어간다. 그러나 핵심은 우리가 하나님의 방식에 복종할 것인가, 아니면 자신의 길을 고집할 것인가 하는 것이다. 니는 "영의 해방"에서 이렇게 썼다. "헌신은 하나님의 손 안에 머물고자 하는 우리의 의지를 표현하는 것 뿐이다."그리스도를 따르는 얼마나 많은 사람들이 하나님께 저항하는 완고한 마음을 가진 채 세계 곳곳의 교회에서 자리잡고 있는지 참으로 안타깝다. 그들을 깨뜨리시려는 하나님의 노력에도 불구하고, 그들은 낮아지거나 자존심이 부서지는 상황을 단호하게 거부한다. 그 결과 그들은 자기들의 영적 생활이 메말라 가는 것을 경험한다. 하나님의 기쁨과 능력과 기름 부음이 사라진다. 그 자리에는 영적인 침체와 영혼의 차가움이 남는다.

이것은 비극이며, 완고함과 육신적인 교만의 결과이다. 우리는 성경에서 이런 완고한 사람들을 많이 볼 수 있다. 마태복음 19장에 묘사된 부자 청년 관원은 그러한 사례 중 하나이다. 예수께서는 이 사람에게 자기의 모든 소유를 가난한 사람들에게 나누어 주고 자기를 따르라고 하셨다.

많은 독자들이 이 구절을 오해한다. 그들은 예수께서 그 사람에게 이러한 희생을 요구하신 것이 그의 영생을 위한 것이라 생각한다. 그렇지 않다. 예수님이 이 요구를 통해 의도하시는 것은 구원이 아니라 깨어짐이다. 이 사람의 자신감과 안정은 그의 재물에 근거하고 있었다. 예수님은 그에게 모든 것을 내려놓고 예수님만 의지하라고 촉구하셨던 것이다.

그것은 이 사람을 산산이 부수는 깨어짐이 될 수 있었다. 그 폐허로부터 예수님은 이 젊은이가 상상할 수 없었던 풍성한 삶을 만들 수 있었을 것이다.

그는 기로에 서 있었다. 그러나 그의 완고한 의지와 자존심은 하나님께 굴복하기를 거부하였다. 비극적이게도, 성경은 "그가 근심하며 가니라"(마 19:2~2)고 기록하고 있고, 그는 하나님 나라의 역사에서 다시는 거론되지 않았다.

완고함의 장애물에 대한 해결책은 하나님께 항복하고 하나님이 그의 뜻대로 하시도록 하는 것이다. 우리가 그렇게 할 때까지, 우리는 교착 상태에 있는 것이다. 하나님은 우리가 항복하고 그분이 원하시는 곳에서 우리를 깨뜨리시도록 허락할 때까지 우리 삶에서 그 이상 나아가실 수 없다.

설교에서 참견으로

이 지점에서 나는 설교가 아닌 참견을 조금 하려 한다.

하나님이 당신을 깨뜨리고자 하시는 부분은 어디인가? 하나님이 그렇게 하시는 것을 당신이 싫어하는 부분은 어디인가? 하나님이 당신에게 결정적인 타격을 가하신 적이 있는가? 아직도 그에게 화가 나 있고 마음 속에서 그와 싸우고 있는가? 하나님이 당신에게 무엇을 하라고 요구하셨지만, 그것이 당신을 낮아지게 할 것이라는 이유로 완고한 자존심이 거부하고 있는 부분은 무엇인가? 당신의 삶에서 하나님이 깨뜨리시는 과정을 당신의 인간적 의지가 단호하게 반대하는 부분은 어디인가?

우리는 하나님께 '예' 또는 '아니요'라고 대답한다. 깨어짐에 있어 우유부단하게 양다리 걸치기는 없다. 우리는 하나님께 항복하여 주의 뜻대로 하시게 하거나, 아니면 하나님께 저항하면서 우리 삶이 깨어지는 과정을 방해할 것이다. 깨어짐은 완전한 항복을 요구한다. 다른 방법은 없다.

하나님이 다스리는 세상에서 가장 안타까운 광경 중 하나는 하나님과 싸우고 하나님께 저항하면서 광야 저편에서 세월을 허비하는 그리스도인의 모습이다. 그러한 신자들은 참된 영적 능력과 쓰임으로 인도하는 깨어짐을 결코 성취하지 못한다. 만약 그들이 자신들의 삶에 하나님의 뜻이 이루어지도록 허락했다면, 그들이 어떤 모습으로 무슨 일들을 해 내었을지 곰곰이 돌아볼 필요가 있다.

하나님 앞에서의 깨어짐은 인간이 경험할 수 있는 것 중에서 가장 행복한 것이다. 그러나 당신과 내가 거기에 도달하기 위해서는 하나님이 우리의 삶에서 이 결과를 이루시도록 의도적으로 그것을 선택할 때만 가능하다.

내가 마주친 장애물들

주님이 딸 아이를 내 삶에 보내셨을 때, 나는 목회자로서 깨어짐에 대한의 기본 지식은 알고 있었지만, 얼마나 철저하게 그것이 필요한지는 완전히 이해하지 못했다. 내가 무지 즉, 잘못된 이해, 자기 기만, 두려움, 완고한 자존심이라는 네 가지 장애에 모두 사로잡혀 있다는 사실을 나는 미처 알지 못했다. 깨어짐을 받아들이기보다 가능한 빨리 도망쳤다.

나는 주님께서 나에게 행하시는 일에 대하여 오해했고, 그래서 화가 났고 우울했다. 나는 하나님 앞에 비춰진 내 마음의 진정한 상태에 대해 아주 잘못 알고 있었다. 하나님의 영광을 위하여 맥클린 바이블 교회를 사용하려는 나의 진실된 바람은 나의 개인적 야망과 자아에 의해 혼탁해졌다. 다른 사람들이 나에게 이것에 대해 경고했을 때 나는 비웃었다. 하나님은 무엇을 해야 하는지 아셨고, 나를 정직한 자기 발견의 여정으로 데려가셔야 할 필요가 있었다. 그러나 나는 그가 어떻게 하실까 두려웠고, 하나님이 그의 다른 종들에게 사용하신 고통과 괴로움이 두려웠다. 그런 혹독한 시련을 견디는 일 없이 일생을 보내려고 엄청나게 노력하였다.

1992년까지 나는 그 분명한 것들을 잘 피해 왔다. 나는 바울이 고린도후서 12장 9절에서 자랑한 하나님의 은혜로 충분하다는 뜻을 거의 몰랐다:

"내게 이르시기를 내 은혜가 네게 족하도다. 이는 내 능력이 약한 데서 온전하여짐이라."

나는 머릿속으로 많은 성경 구절과 약속을 알고 있었다. 하지만, 딸아이가 점점 더 아프게 되기 전까지는 나 자신이 그렇게 철저하게 오직 하나님만을 깊이 의지할 수밖에 없게 된 적이 없었다.

내 저항의 대부분은 완고함에서 비롯되었다. 솔직히, 나는 항복의 문제를 갖고 있었다. 나는 주님을 섬기고 싶었지만 내 방식대로 섬기고 싶었다. 나는 조건을 결정하고 계획을 짜고 싶었다. 나는 사소한 진로 수정은 받아들였지만 큰 변화는 받아들이지 않았다. 나는 주님께서 무엇을 하라고 부르셨는지 안다고 생각했고, 내 방식대로 그 일을 처리하느라 바빴다. 나는 출애굽기 2장의 모세와 같았다. 그래서 하나님은 나를 자신의 방식으로 자신의 시간에 이루시는 하나님의 계획에 완전히 항복하는 지점으로 이끄실 필요가 있었다.

나는 나를 대항하여 버티고 서 있던 그 네 가지의 장애물, 즉 육신의 수비 라인맨을 마주하고 있었다. 그리스도를 위해 공을 전진시키려면 그 수비 라인에 구멍이 필요했다. 하나님은 그것을 하시기 위해 딸아이를 사용하셨다. 나는 혼란과 자기 기만, 그리고 두려움과 완고한 자존심에 대처하기 위해 (육적인 에너지로) 아무것도 할 필요가 없었다. 주님께서 하셨다. 내 역할은 그냥 정신을 차리고, 그의 손을 의지하고, 그의 마음을 믿는 것이었다. 때때로 그것은 정말 힘들었지만, 그렇다고 내가 주님을 불신하고 내 삶에서 그분의 인도하심을 의심하는 것은 받아들일 수 없었다.

그 결과, 나는 하나님은 실수하지 않으시고 헛된 경험을 하게 하지 않으신다는 사실을 알게 되었다. 나는 그분이 말씀하신 것처럼 나를 얼마나 깊이 사랑하시는지를 배웠다. 또한 그분이 나에게 보내 주신 그 고통스러운 경험은 나를 그분의 영광을 위하여 더 좋고 더 건강하고 더 영적으로 쓸모있는 사람으로 만들기 위한 주님의 무조건적인 헌신에서 나온다는 것을 배웠다. 당신이 그리스도를 따르는 사람으로서 깊은 바다를 통과하고 있다면 주님도 당신이 느끼는 것과 똑같이 느끼신다는 것을 확신하라. 그러나 내 삶에 네 가지 장애물이 있었던 것처럼 당신의 삶에도 그것들이 존재한다면, 하나님은 당신의 삶이 그분에게 진정으로 가치 있도록 하기 위해서 그것들을 드러내어 훈련시키실 필요가 있다.

깨어짐의 과정을 거치면서, 성경의 진리를 절대로 잊어서는 안 되며, 하나님의 손길을 불신하거나 하나님의 마음을 의심하면 안 된다. 시련의 시기에 다윗은 시편 77:1, 2, 7-9에서 이렇게 썼다.

> 내가 하나님께 소리 높여 부르짖습니다.
> 부르짖는 이 소리를 들으시고 나에게 귀를 기울여 주십시오.

내가 고난을 당할 때에 나는 주님을 찾았습니다.
밤새도록 두 손을 치켜들고 기도를 올리면서
내 마음은 위로를 받기조차 마다하였습니다.

주님께서 나를 영원히 버리시는 것일까?
다시는 은혜를 베풀지 않으시는 것일까?
한결같은 그분의 사랑도 이제는 끊기는 것일까?
그분의 약속도 이제는 영원히 끝나 버린 것일까?
하나님이 은혜를 베푸시는 일을 잊으신 것일까?
그의 노여움이 그의 긍휼을 거두어들이신 것일까?

이것들은 내가 1992년에 하나님께 묻기 시작한 질문들처럼 들린다. 아마 여러분도 이와 같은 질문을 해 봤을 것이다. 답은 무엇인가? 다윗은 계속해서 다음과 같이 말한다.

하나님, 주님의 길은 거룩합니다.
주님의 백성을 주님의 팔로 속량하셨습니다.
주님의 길은 바다에도 있고
주님의 길은 큰 바다에도 있지만
아무도 주님의 발자취를 헤아릴 수 없습니다.
주님께서는 주님의 백성을 양 떼처럼 인도하셨습니다.

(시편 77:13-20, 발췌)

출애굽 후에 광야에서 하나님은 자신의 백성 이스라엘이 하나님이 하시는 일을 보지 못하거나 이해할 수 없을 때에도 양 떼처럼 인도하셨다. 다윗의 요점은 분명하다. 내가 하나님의 발자취를 찾을 수 없을 때에도 나는 여전히 하나님의 마음을 신뢰할 수 있다. 하나님의 손은 항상 신뢰할 수 있고, 그의 마음은 항상 진실하며, 가장 암울한 상황에서도 그는 항상 거기에 있다.

나눔을 위한 토론 질문

1. 하나님이 당신 삶에 보내신 고난 때문에 하나님께 화를 낸 적이 있는가?

2. 과거에 당신을 깨뜨리시려는 하나님의 시도에 저항했던 적이 있는가? 당신은 오늘날에도 여전히 저항하고 있는가, 아니면 진정으로 하나님께 항복했는가?

3. 당신은 하나님이 당신의 마음과 그 안에 있는 죄에 탐조등을 비추도록 허락한 적이 있는가? 이 경험에 대해 나누어 본다. 당신은 자신에 대하여 무엇을 발견하였는가?

4. 당신은 깨어짐에 대한 두려움이 하나님과 동행하는 데 영적 마비를 일으킬 수 있다는 생각에 공감하는가?

5. 당신은 하나님과 교착 상태에 있는가? 당신은 기꺼이 하나님께 항복하고 그분이 당신 삶에 100퍼센트 권위를 가지시도록 하고자 하는가?

· 제6장 ·

결과는 과정을 감내할 가치가 있다

영적 리더는 신학 교육이나 교회 직분으로 만들어지지 않는다.
오직 하나님만이 직접 기름 부은 진실된 자를 세우신다.
종교적 직분은 주교와 교회 회의체가 만들 수 있지만, 영적 권위는 그렇지 않다.
영적 권위는 영적 산물이다.

~ J. 오스왈드 샌더스의 "영적 리더십" 중에서~

하나님의 깨뜨림을 경험한 기독교인들만큼 하나님의 눈에 아름다운 것이 없고, 하나님의 손길 안에서 이들만큼 능력있는 것은 없다. 앞 장에서 보듯이 깨어짐은 피를 흘리는 고통스러운 과정이다. 이제까지 그 과정이 얼마나 고통스러울 수 있는지에 주로 관심을 기울였다면, 이번 장에서는 깨어짐의 결과에 초점을 맞추려 한다. 왜냐하면 깨어짐의 결과는 그 힘든 과정을 감내할 만큼 대단하다는 약속을 우리는 믿고 의지하기 때문이다.

나의 삶에 있어서 적어도 세 가지 영역에서 가장 놀라운 깨어짐의 결과를 보고 경험할 수 있었다. 그것은 바로 하나님과의 관계, 사람들과의 관계, 그리고 예수님을 위한 사역이다. 하나씩 자세히 살펴보자.

하나님과의 관계

깨어짐이 주는 놀라운 결과들 중 첫 번째는 전능하신 하나님과의 새로운 친밀감이다. 깨어진 하나님의 사람들은 다른 사람들, 더 나아가 다른 하나님의 사람들조차도 알지 못하는 방식으로 하나님을 알게 된다. 하나님의 깨뜨림을 받은 크리스천들은 이전에 결코 갖지 못했던 하나님과의 친밀감을 갖게 된다. 그 이유는 다름 아닌 하나님의 본성과 특징에 있다.

"내가 비록 높고 거룩한 곳에 있으나, 겸손한 사람과도 함께 있고, 잘 못을 뉘우치고 회개하는 사람과도 함께 있다. 겸손한 사람과 함께 있 으면서 그들에게 용기를 북돋우어 주고, 회개하는 사람과 같이 있으면 서 그들의 상한 마음을 아물게 하여 준다."(이사야서 57:15)

"주님께서 이렇게 말씀하신다. '하늘은 나의 보좌요, 땅은 나의 발 받 침대. 그러니 너희가 어떻게 내가 살 집을 짓겠으며, 어느 곳에다가 나를 쉬게 하겠느냐?… 겸손한 사람, 회개하는 사람, 나를 경외하고 복종하는 사람, 바로 이런 사람을 내가 좋아한다."(이사야서 66:1)

"하나님이 원하시는 제물은 찢긴 심령입니다. 오, 하나님, 주님은 찢 기고 짓밟힌 마음을 멸시하지 않으십니다."(시편 51:17)

"주님은, 마음 상한 사람에게 가까이 계시고, 낙심한 사람을 구원해 주 신다."(시편 34:18)

"마음이 상한 사람을 고치시고, 그 아픈 곳을 싸매어 주신다… 주님은 오직 당신을 경외하는 사람과 당신의 한결 같은 사랑을 기다리는 사람 을 좋아하신다."(시편 147:3, 11)

성경은 깨어진 하나님의 사람들이 하나님의 특별한 친구가 된다고 우리에게 말해 준다. 하나님은 그들에게 특별한 기쁨을 갖고 계시며 그의 존재를 더 많이 그들에게 나타내신다. 이는 하나님이 다른 믿는 자들보다 그들을 더 사랑하기 때문이 아니라, 하나님의 뜻을 더 깊고 친밀한 방법으로 그들과 소통할 수 있기 때문이다. 이러한 진리를 모세의 삶 가운데서 확실히 볼 수 있다. 하나님이 모세를 깨뜨리신 뒤 모세는 하나님과의 아름다운 친밀감을 누릴 수 있었다. 시편 기자는 103편 7절에 "모세에게 주님의 뜻을 알려 주셨고, 이스라엘 자손에게 주님의 행적들을 알려 주셨다"라고 기록하고 있다. 다시 말해 하나님의 깨뜨림을 받지 않은 이스라엘 자손들도 하나님의 행적을 목격했지만, 하나님의 뜻을 알 수 있었던 것은 모세만이 가능했다.

출애굽기 33장 1절에는 하나님과 모세와의 특별한 친밀감이 아주 생생하게 기술되어 있다.

> "주님께서는, 마치 사람이 자기 친구에게 말하듯이 모세와 얼굴을 마주하고 말씀하셨다."

정말 놀랍도록 깊은 인격적 사귐의 모습이 아닐 수 없다.
그러나 이러한 경험은 모세에게만 국한된 것이 아니었다. 깨어진 믿는 자들은 누구나 다 하나님과의 친밀감을 경험하였다.

> 아브라함은 하나님의 벗이었다. (역대하 20:7)
> 야곱은 하나님의 얼굴을 직접 보았다. (창세기 32:30)
> 다윗은 하나님의 눈동자였다. (시편 17:8)

무디는 그의 회고록에서 "내가 말할 수 있는 것은 하나님이 자신을 나에게 보여주셨으며, 나는 참으로 놀라운 하나님의 사랑을 경험했기에 하나님께 이제는 그만 하시라고 요청드릴 수밖에 없었다"라고 고백하였다.

이와 같이 하나님과 깊고 친밀한 동행을 하게 됨으로써 아브라함과 야곱과 다윗은 세상에 영향을 끼칠 수 있었던 것이다. 하나님과의 친밀감으로 무디는 스펄전(Spurgeon), 피니(Finney), 웨슬리(Wesley), 휫필드(Whitefield)처럼 세상을 뒤흔드는 힘을 갖고서 복음을 전파할 수 있었다.

이러한 하나님과의 친밀한 사귐으로 패니 크로스비(Fannie Crosby)는 8천 편이 넘는 찬송시를 썼고, 조지 뮬러(George Muller)는 기도로 하늘을 흔들었으며, 로버트 머레이 맥체인(Robert Murray McCheyne)은 스코틀랜드 전역을 뒤흔든 부흥운동을 시작할 수 있었다. 또한 그러한 사귐을 통해 허드슨 테일러(Hudson Taylor), 아도니람 저드슨(Adoniram Judson), 윌리엄 캐리(William Carey), 데이비드 브레이너드(David Brainerd), 그리고 테레사 수녀(Mother Theresa)는 예수 그리스도에 대한 메시지로 선교지를 뒤흔들었다.

이들은 깨어짐으로부터 오는 하나님과의 특별한 친밀감에 대해 알고 있었다. 그들에게 하나님은 매 순간 살아 계신 존재였으며, 하나님의 마음은 그들에게 더욱 열려 있었고, 하나님의 말씀이 보다 잘 이해될 수 있었다. 하나님은 자신의 뜻을 그들에게 보여주셨을 뿐 아니라 아주 특별한 방법으로 더 깊은 부분까지 그들과 공유하셨다.

하나님이 우리를 깨뜨리기 시작하면서 사람들이 인지하는 첫 번째 결과는 하나님이 가까이에 계시다는 새로운 느낌이다. 물론 그것은 신학적 가까움도, 교리적 가까움도 아니며 경험적 가까움 – 즉, 이전에는 한번도 경험해 보지 못한 하나님과의 세미한 친밀감이었다.

주님과의 이러한 친밀감이 가져다주는 결과는 놀랍고 실질적이다. 그것은 비록 그들의 삶에 어떤 폭풍우가 몰아치더라도 잠잠히 주님 안에서 쉼을 누릴 수 있는 새로운 능력이다. 다시 말해 불안 지수를 높이고

안절부절못하며 초조에 사로잡히게 할 수 있는 모든 일들을 이제 주님께 내려놓을 수 있게 된다.

나는 왜 허드슨 테일러가 "예수님, 나는 안식하네, 안식하네, 당신이 어떤 분인지 기뻐하며"라는 찬송을 가장 즐겨 불렀는지 이해할 수 있다. 또 패니 크로스비가 어떻게 "주 예수 넓은 품에" 찬송을 지었을지도 알 수 있을 것 같다.

슬픔과 근심 걱정 이제는 없으리
시험이 닥쳐와도, 눈물이 흘러도
주 예수 넓은 품에, 나 편히 안겨
그 크신 사랑 안에, 내 영혼 편히 쉬리.

깨어짐을 경험한 하나님의 사람들은 요동치는 주변 환경 가운데서도 모든 이해를 초월하는 주의 평화를 갖는 것이 무엇을 의미하는지를 안다. 그들은 주님 안에서 어떻게 안식하며 잠잠히 주를 기다리는지 안다. 그들은 때로는 하나님의 뜻이 그냥 그분이 하나님임을 믿고 잠잠히 기다리는 것임을 이해한다. 깨어짐은 이 모든 것을 가능하게 한다.

만일 하나님이 깨뜨림을 통해 하나님과 깊고 특별한 친밀감만을 허락하고 다른 어떤 결과도 허락하지 않으셔도 그것만으로 이미 충분한 가치가 있다.

사람들과의 관계

워치만 니(Watchman Nee)와 찰스 스탠리(Charles Stanley)는 하나님의 깨뜨림이 다른 사람들과의 관계에 있어서도 놀라운 효과를 갖는다고 하였다. 정말 맞는 말이다. 깨어진 하나님의 사람들은 다른 사람들과의 관계에 있어 다음과 같은 다섯 가지 특징을 갖는다. 즉, 그들은 다가가기 쉽고(approachable), 가르침을 잘 받아들이며(teachable), 민감하고(sensitive), 자기 영역을 주장하지 않으며(turfless), 용서할 줄 안다(forgiving). 이 다섯 가지 특징에 대해 좀 더 자세히 살펴보자.

다가가기 쉬움 (Approachable)

깨어진 하나님의 사람들에게는 말을 걸기가 쉽고, 어려운 질문도 쉽게 할 수 있으며 마음을 열기도 쉽다. 즉, 다가가기 쉬운 사람들이다. 깨어진 주의 제자들에게는 부드러움이 있다. 그들과 함께 있으면 편안하고 느긋해질 수 있으며, 그들과의 만남은 항상 기분을 북돋우고 격려가 되며 영적인 강건함을 준다.

깨어진 하나님의 사람들에게 다가가기 쉬운 것은 그들이 다른 사람들 앞에서 기꺼이 자신을 낮출 수 있기 때문이다. 그들은 자신의 잘못을 쉽게 인정하고 비난을 받을 때도 일일이 반박하려 하지 않는다. 비록 당신이 그들에게 틀렸다고 말하더라도 고슴도치처럼 가시를 세우는 모습을 보기 어렵다. 그들이 대응할 때는 핑계나 자기 합리화를 하지 않는다. 대신 진실된 열린 자세와 경청하는 모습을 보인다.

사실 세상에는 깜짝 놀랄 정도로 많은 고슴도치 그리스도인들이 존재한다. 그들은 평소에는 가시를 내리고 있지만, 그것은 당신이 선을 넘지 않았을 때의 이야기이다. 만일 당신이 그들이 원하지 않는 무언가를 하려 하거나 어떤 식으로 자존심을 상하게 하면, 그들은 돌변해서 모든 가시를 세워 올린 모습을 드러낼 것이다.

하나님이 우리를 깨뜨리실 때 우리 안에 있는 모든 고슴도치를 떼어 낸다. 그래서, 깨어진 하나님의 사람들은 쓸데없는 자존심을 지키려 하지 않고 더 이상 갖고 있지도 않다. 그들은 이미 갖고 있던 자존심을 모두 하나님 앞에 내려놓았기 때문에 다른 사람들에게 자존심을 잃는 것이 더 이상 대수롭지 않다. 그들은 하나님에 의해 완전히 겸손한 자가 되었으며 지켜야 할 어떤 것도 갖고 있지 않다.

출애굽기 18장에서 모세는 그의 장인인 이드로가 그를 비판했을 때 그가 얼마나 다가가기 쉬운 영혼인지를 증명해 보였다. 그렇지만 모세가 누구인가? 그는 이집트 땅에 역병을 가져왔고, 강력한 바로를 무릎 꿇게 했으며 홍해를 갈라 열었던 장본인이 아닌가! 그는 이드로에게 "당신이 내가 누구인줄 알고 감히 나에게 이래라 저래라 하느냐"라는 식으로 쉽게 그의 비판을 무시할 수 있었을 것이다.

그러나 모세는 하나님의 깨뜨림을 받은 사람이었다. 그로 인해 그는 다가가기 쉬운 사람이 되어 있었다. 모세는 이드로의 비판을 반박하지 않았고 그의 말을 경청했으며 그가 한 조언을 받아들였다.

하나님의 깨뜨림을 받게 되면 그들은 더욱 다가가기 쉽고 덜 방어적이며 겸손하고 잘못을 인정할 줄 안다. 비판을 받을 때도 피해망상적 반응이나 핑계를 늘어놓기보다는 이를 받아들일 수 있게 된다. 다가가기 쉽다는 것은 하나님이 깨뜨림을 받은 사람들에게 주시는 아름답고 부드러운 좋은 성격 가운데 하나이다.

가르침을 잘 받아들임 (Teachable)

하나님의 깨뜨림을 받은 사람들은 그들 자신이 한 때 스스로 생각했던 것 만큼 지혜롭지 않음을 깨닫게 된다. 사실 하나님이 깨뜨리면 깨뜨릴수록 그들은 그들 자신의 명철과 판단에 더 많이 회의를 갖게 된다. 그들은 하나님의 지혜가 전적으로 필요하다는 것을 깨닫기 시작한다. 그리고 다른 사람을 통해서라도 하나님의 지혜를 구하게 되고, 다른 사람들의 말을 기꺼이 경청하는 자신을 발견한다. 그렇게 진실하게 가르침을 받아들일 수 있게 된다.

다시 한 번 모세의 예를 살펴보자. 그의 장인 이드로가 모세를 비판하고 그에게 조언을 제공하자 모세는 이드로의 지혜를 즉시 받아들인다.

"그래서 모세는 장인의 말을 듣고, 그가 말한 대로 다 하였다."(출애굽기 18:21)

모세의 사례에서 보듯이 진짜 깨어짐의 표시 가운데 하나는 자신이 이전에 생각했던 것만큼 현명하지 않음을 스스로 받아들이기 시작하는 것이다. 이 단계에 이르면 하나님은 드디어 그들을 진정으로 지혜롭게 만드실 수 있게 된다.

민감함 (Sensitive)

깨어진 그리스도인은 다른 사람이 영적으로, 감정적으로, 또한 심리적으로 어떤 상태에 있는지 느낄 수 있는 비상한 능력을 갖는다. 깨어진 그리스도인은 다른 사람의 영혼의 움직임을 느낄 수 있고, 묵언의 메시지를 읽을 수 있으며, 그들이 상처받거나 실망하거나 힘들어하거나 불편하거나 겁에 질려 있거나, 시기하거나, 화가 나 있거나, 좌절하거나 또는 혼란스러울 때에 그들과 같이 느낄 수 있다.

이러한 민감함은 의식적으로 또는 억지로 만드는 것이 아니다. 그것은 깨어짐의 결과물이다. 성령님이 깨어진 그리스도인의 영 안에서 일하시게 되면, 다른 사람의 영에 대한 깊은 민감함이 저절로 생긴다.

민수기 11장을 통해 우리는 모세의 삶에서 이러한 민감함을 확인할 수 있다. 여호수아는 모세에게 두 명의 이스라엘 백성, 엘닷과 메닷이 진영에 머무르면서 예언을 하고 있다고 전한다. 비록 여호수아는 모세에게 그의 마음에 있는 말을 정확히 전달하지는 않았지만 모세는 알고 있었다. 여호수아는 모세의 위신과 권위를 염려하는 척했으나 모세는 그의 속마음이 무엇인지 알고 있었다. 그래서 모세는 여호수아에게 "네가 나를 두고 질투하느냐? 나는 오히려 주께서 주님의 백성 모두에게 그의 영을 주셔서, 그들 모두가 예언자가 되었으면 좋겠다!"(민수기 11:29)라고 말한다.

모세는 여호수아의 마음을 꿰뚫어 보았다. 여호수아가 자신의 시기심을 감추고 모세를 염려하는 것처럼 주장함으로써 다른 사람들은 속일 수는 있었으나 모세는 아니었다. 모세의 영은 여호수아의 영이 실제로 어떤 상태에 있는지를 초자연적인 분별력으로 느낄 수 있었다. 그리하여 모세는 여호수아에게 가장 필요한 것으로 대응할 수 있었다.

이것이 바로 깨어진 그리스도인이 최고의 조언자, 가장 신뢰할 수 있는 사람, 그리고 가장 좋은 친구가 될 수 있는 또 다른 이유이다. 그들은 가림막을 꿰뚫고 들어가서 한 사람의 영혼의 실질적인 문제에 이를 수 있다.

자기 영역을 주장하지 않음 (Turfless)

깨어진 그리스도인은 현재의 자신과 자신의 소유와 미래에 되어질 모습까지 모든 것이 하나님의 은혜임을 안다. 그들은 현재 본인이 맡고 있는 지위나 축적한 부, 누리고 있는 명예, 그리고 쥐고 있는 권력 등 이 모든 것들이 하나님의 주권적 뜻의 결과임을 안다.

그들은 하나님이 이 모든 것을 주신 것처럼 자유롭게 다시 가져갈 수 있다는 것을 잘 알고 있다. 다시 말해 깨어진 주의 제자들은 지키려는 개인적인 영역이 없다.

그 결과 깨어진 그리스도인은 자신의 지위나 권위, 명성 또는 권력이 위협받을 때 이 모든 것을 하나님께 맡기는 방법을 택한다. 즉, 이러한 특별한 권한이 유지되는 것이 하나님의 뜻이라면 그 특별한 권한을 하나님이 지켜 주실 것을 믿고 맡기는 것이다. 이러한 특별한 권한은 하나님의 선물이기 때문에 깨어진 주의 제자는 이것을 지키기 위해 싸울 필요가 없다. 그것을 주신 동일한 하나님이 그의 전능하신 힘으로 방어하고 지킬 수 있을 것이기 때문이다.

깨어진 하나님의 사람은 하나님이 누구의 도움도 필요로 하지 않음을 알기에, 그 역시 하나님 외에 다른 도움을 원하지 않는다. 따라서 깨어진 주의 제자는 그 방어를 하나님의 손에 전적으로 의지하는 데 불안감을 느끼지 않는다.

모세는 민수기 12장에서 행함에 있어 이 원칙을 어떻게 지키는지를 명확하게 보여준다. 여기에서 미리암과 아론은 모세의 권위에 맞서 비판을 제기한다. 그들은 모세가 어떻게 나올지 철저히 대비해서 모세를 공격할 준비를 한다.

"모세가 구스 여인을 데리고 왔는데, 미리암과 아론은 모세가 그 구스 여인을 아내로 맞았다고 해서 모세를 비방하였다."(민수기 12:1)

모세를 지도자 지위에서 끌어내리기 위해 그들은 모세가 히브리 사람이 아닌 이방 여인과 혼인했음을 비난한다. 그들의 목표는 모세에게서 권한과 권위를 빼앗아 자신들이 차지하는 것이었다.

"'주님께서 모세하고만 말씀하셨느냐?'고 그들은 의문을 제기한다. '우리와도 말씀하시지 않았느냐!'"(민수기 12:2)

이것은 누가 보더라도 명백한 반란이었다. 모세는 그들의 반란에 어떻게 대응하였을까? 한마디로 그는 아무것도 하지 않았다! 3절이 이유를 잘 설명해 준다.

"모세로 말하자면, 땅 위에 사는 모든 사람 가운데서 가장 겸손한 사람이다."

겸손함은 약함이 아니다. 그것은 다음과 같이 말할 수 있는 영적 자세이다:

"주님, 위협을 당하고 있는 것은 저의 권위와 권력이 아니라 당신의 것입니다. 주님이 저에게 주셨습니다. 만일 그것을 다른 이에게 주고자 하신다면 주님 뜻대로 하옵소서. 만일 지금 제가 갖기를 원하신다면 저를 지켜 주옵소서!"

미리암과 아론은 곧 자기들이 상대하고 있는 사람이 모세가 아니라 그 이상임을 알게 되었다. 하나님이 모세를 지키는 것이 분명해 졌을 때 미리암과 아론은 살아 있는 것만으로도 다행으로 여기게 되었다(민수기 12:8-11).

모세처럼 깨어진 크리스천들은 그들의 방어를 하나님께 맡기는 것에 대하여 불안해하지 않는다. 오히려 그들이 지키려 하는 것을 내려놓을 때, 모세의 경우처럼 스스로 지키는 것보다 항상 훨씬 더 좋은 결과를 하나님이 주심을 발견한다.

이와 같이 자기가 지키려는 영역을 두지 않는 자세, 또는 영적 온유함은 우리에게 다른 사람과의 관계에 방어적이지 않고 편한 태도를 갖는 자유를 준다. 그렇다. 그것은 우리를 자유케 한다. 그것은 우리의 관계를 혁신시킨다.

용서 (Forgiving)

깨어진 하나님의 사람들은 사람들이 자신에게 행하는 모든 것에서 하나님의 손길을 보게 된다. 그들은 하나님의 시각에서 자신이 처한 상황을 본다. 그들은 로마서 8장 28절 "하나님을 사랑하는 사람들, 곧 하나님의 뜻대로 부르심을 받은 사람들에게는, 모든 일이 서로 협력해서 선을 이룬다는 것을 우리는 압니다"라는 말씀의 진정한 의미를 이해한다. 깨어진 사람들은 이 말씀이 그들의 삶 가운데 실현되는 것을 보았다.

깨어진 주의 제자들은 자신의 삶을 되돌아볼 때, 다른 사람들의 불친절하고 상처 주던 일들조차 축복된 깨어짐의 과정에서 하나님이 어떻게 사용하셨는지를 볼 수 있다. 그들이 무엇을 했는지는 더 이상 관심의 대상이 아니다. 대신 그들은 하나님의 도구였을 뿐이며 그것은 모두 하나님 계획의 일부였음을 보게 된다. 그 부당한 일들 조차 실제로는 하나님이 그들의 삶 가운데 일하시는 수단으로 사용되었음을 볼 수 있다.

이러한 시각의 전환이 이루어지게 되면 - 하나님이 사람을 깨뜨리실 때 항상 이러한 전환이 일어나는데 - 부당한 처사에 대한 대응이 완전히 바뀐다. 원한을 품는 것은 생각지도 않게 된다. 원망도 용납되지 않는다. 용서하는 것이 쉽고 자연스럽게 된다. 왜냐하면 자신에게 고통을 주었던 그 사람은 전능하신 하나님이 일하시는 도구에 불과했음을 그들은 분명하게 볼 수 있기 때문이다.

갑자기 우리는 우리에게 상처 준 사람들을 받아들일 수 있는 자신을 발견한다. 마치 요셉이 자신을 괴롭혔던 악한 마음을 가진 형들을 대했던 것처럼 말이다. 그들은 요셉을 이집트에 노예로 팔아 넘겼는데 요셉은 그들을 아무 대가도 없이 완전히 용서했다. 그들이 요셉에게 왜 그렇게 자신들을 용서해 주느냐고 묻자 요셉은 이렇게 대답한다.

"그러나 이제는 걱정하지 마십시오. 자책하지도 마십시오. 형님들이 나를 이곳에 팔아 넘기긴 하였습니다만, 그것은 하나님이, 형님들보다 앞서서 나를 여기에 보내셔서, 우리의 목숨을 살리려고 그렇게 하신 것입니다… 그러므로 실제로 나를 이리로 보낸 것은 형님들이 아니라 하나님이십니다." (창세기 45:5,8)

그리고 계속해서 요셉은 "형님들은 나를 해치려고 하였지만, 하나님은 오히려 그것을 선하게 바꾸셨습니다"라고 말한다.

모세의 삶 가운데서도 이러한 용서가 잘 나타남을 볼 수 있다. 미리암이 모세와의 누이-동생 관계를 배신한 채 어떤 계략을 갖고 모세를 자리에서 몰아내려 했는지 기억해 보라. 나일강 가에서 모세가 강물에 버려질 때 지켜봤던 바로 그 사람이 이제 모세가 몰락하는 것을 지켜 볼 계획을 한 것이다.

그 결과 하나님은 당시에 중병이었던 나병으로 미리암을 치셨다. 그녀가 벌받은 것에 대해 기뻐하는 것이 인간적으로 당연한 반응일 수 있었다. 응징은 육신적으로는 당연한 것이다. 그러나 모세의 반응은 그것이 아니었다. 모세는 그녀를 아무 대가 없이, 완전하게, 바로 용서했다. 모세는 그녀에 대한 즉각적인 동정심을 느끼고 그녀의 회복을 위해 뜨겁게 기도했다.

"모세가 주님께 부르짖어 아뢰었다. '하나님, 비옵니다. 제발 미리암을 고쳐 주십시오.'" (민수기 12:13)

모세와 요셉처럼 깨어진 하나님의 사람들은 마음 깊은 곳으로부터 사람들을 용서하는 새로운 자유를 발견한다. 그것은 육신적인 노력으로 얻어지는 것이 아니다. 그것은 주님의 성령에 의해 주어지는 초자연적인 자유이다. 용서는 하나님의 깨뜨림을 통해 얻을 수 있는 위대한 유산 중 하나이다. 그리고 이를 통해 깨어진 그리스도인이 이 세상과 관계하는 방식은 영원히 다르게 변한다.

하나님의 깨뜨림을 받기 시작하면서 그들은 갑자기 사람들이 그들을 따르는 것을 발견한다. 사람들은 깨어진 사람을 안전하게 느끼기 때문에, 마음을 열고 여러 가지를 나누기 시작한다. 하나님이 깨어진 자들에게 주시는 온화한 분위기는 사람들로 하여금 느긋하고, 편안하며, 위협을 느끼지 않도록 만든다. 이처럼 하나님이 우리를 다른 사람들의 삶 가운데서 사용하기 위해서 우리의 깨어짐은 필수 요소이다.

주님을 위한 사역

깨어짐은 하나님과의 관계, 다른 사람과의 관계를 변화시킴으로써 주님을 위한 사역에 놀라운 영향을 미치게 된다. 앞에서도 말했듯이 하나님의 깨뜨림의 최종 목적은 우리를 사용하기 위함이다. 깨어짐은 개인의 삶에 새로운 영적인 힘을, 그리고 하나님을 위한 사역에 새로운 능력을 불러일으킨다. 그래서 모든 깨어진 하나님의 사람들은 이러한 새로운 능력, 기름 부음 그리고 결실이 새롭게 넘쳐남을 증언한다. 이러한 새로운 능력의 원천은 과연 무엇일까? 그것은 물론 성령님이다. 성령님을 가두고 있던 우리의 자아라는 껍데기가 하나님에 의해 깨뜨려지면서 성령님은 이제 우리 삶 가운데 어떤 방해도 받지 않고 운행하시게 된 것이다. 깨어짐은 우리의 영적 저항을 낮추어 우리의 삶으로부터 성령님이 자유롭게 밖으로 흘러갈 수 있게 한다. 하나님이 깨어짐을 통해 우리를 성령의 능력이 흘러가는 통로로 사용하시게 되었다는 사실, 이것은 깨어짐이 갖는 가장 놀랍고 역동적인 결과가 아닐 수 없다.

이 같은 진실의 몇 가지 사례를 살펴보자. 모세의 출생 후 처음 80년간의 삶을 보면 하나님의 영적 능력이 그를 통해 흘러간 경우를 거의 찾아볼 수 없다. 모세는 구약의 100개 이상의 많은 장에 등장하지만 처음 80세까지의 모세의 삶을 취급하고 있는 장은 단 2개에 불과하다. 얼핏 보면 이것은 균형을 상실한 배분처럼 여겨진다. 그러나 사실 이 기간 동안 영적 가치로 남을 만한 그 어떤 것도 모세가 행한 것이 없었으며, 따라서 기록할 것이 없었던 것이다. 모세가 80세가 되기까지 영적 가치로 남을 만한 업적이 거의 없었던 이유는 그가 깨어지지 않았기 때문이었다.

모세는 하나님에 의해 깨뜨림을 받은 후 하나님의 권능이 사람들의 삶을 통해 어떻게 진동하는지를 보여주는 영원한 본보기가 되었다. 10개의 재앙, 홍해의 갈라짐, 바위에서 나온 물, 만나, 메추라기, 십계명, 그 외에도 하나님의 권능을 보여주는 많은 기사들이 광야에서 그를 통해서 나타났다. 모세의 후반 40년과 전반 80년에 나타난 하나님의 능력의 차이는 한마디로 '깨어짐'의 유무로 요약할 수 있다.

이사야 선지자도 마찬가지이다. 그가 깨어진 후 가장 위대한 예언들을 기록하였다. 바울 사도 역시 그가 깨어진 후에야 비로소 우리가 알고 있는 가장 위대한 선교사가 되었고 신약서의 많은 부분을 집필하였다. 패니 크로스비는 깨어짐으로써 미국 역사상 가장 왕성한 찬송 작사작곡

자가 되었다. 무디의 경우도 마찬가지였다. 그의 자서전 '무디의 생애'에서 무디는 그의 깨어짐 이후 "설교는 이전과 다르지 않았다… 나는 이전과 비교해서 새로운 진실을 제시하지도 않았다. 하지만 그럼에도 수백 명이 하나님을 영접하였다"라고 고백하였다.

무디는 어떤 새로운 진실이나 새로운 메시지, 새로운 방법도 없었다고 말하고 있다. 그럼에도 갑자기 이전에는 한번도 경험하지 못한 죄를 깨닫게 하는 성령의 능력이 그를 통해 넘쳤다. 어떻게 그런 일이 일어날 수 있었을까? 그것은 무디는 하나님이 온전히 사용하실 수 있는 깨어진 그릇이었기 때문이다.

무디는 1873년 아무런 부흥집회 계획도 없이 영국으로 건너 갔다. 그리고 2년이 지나 무디는 1세기 전의 웨슬리 이후 영국을 휩쓴 가장 위대한 부흥운동의 중심이 되어 미국으로 돌아왔다.

영국에서 한번은 예배가 열리는 장소에 사람이 너무 몰려서, 무디 자신조차도 설교를 위해 홀에 들어갈 수 없었다. 게다가 홀 밖에는 2-3만 명에 이르는 사람들이 더 대기하고 있었다. 무디는 모든 군중을 밖으로 나오게 해서 오픈형 자동차 시트에 서서 설교를 하였다. 찬양대는 근처 창고 지붕에서 찬양을 이끌었다. 그날 1만 명이 넘는 사람들이 회심하여 그들의 삶을 예수님께 드리는 놀라운 역사가 이루어졌다.

무디의 사역 경력을 보면 그후에도 주님의 능력이 넘치는 집회가 지속되었다. 하나님은 무디를 1억 명이 넘는 사람들에게 복음을 전파하는데 사용하셨다. 무디의 자서전을 집필한 윌리엄 무디는 무디의 개인적인 목표가 '지옥 인구를 1백만 명 감소시키는 것이었다'고 전하고 있다.

존 웨슬리의 경우도 마찬가지이다. 우리는 하나님이 어떻게 영국의

식민지 조지아주에서 있었던 선교의 실패를 통해 그를 깨뜨리셨는지를 보았다. 그가 영국으로 돌아와서 올더스게이트 기도회에서 예수님과의 관계를 회복한 뒤 하나님의 권능이 그의 삶을 통해 나타나기 시작했다. 그는 넓은 실외에서 말씀을 전하기 시작했고 부흥회마다 수천 명이 하나님을 영접했다. '부흥회에서 하나님의 영이 어찌나 강하게 역사했는지 위대하신 구원의 주님을 부르는 사람들의 탄식과 울부짖음 소리에 묻혀 내 목소리가 거의 들리지 않을 정도였다'라고 '존웨슬리의 일기'에서 고백했다.

웨슬리는 50년 이상 계속된 사역 기간 동안 22만5천 마일을 말을 타고 선교여행을 다녔고, 한번에 두세 시간씩 4만 번이 넘는 설교를 했다. 하나님은 존 웨슬리를 통해 18세기 영국을 예수 그리스도에 대한 믿음으로 완전히 바꾸셨다.

웨슬리는 '죄 외에는 아무것도 두려워하지 않고, 하나님 외에는 아무것도 원하지 않는 100명의 설교자를 나에게 준다면 – 그들이 성직자이건 평신도이건 상관이 없다 – 그들 만으로 지옥문을 흔들고 이 땅에 하나님 나라를 세우기에 족하다'고 말한 적이 있다.

이것은 웨슬리가 하나님이 어떤 사람을 사용하시는지를 정확히 이해하고 있었다는 의미이다. 하나님은 깨어지지 않은 50명보다 하나님의 깨뜨림을 받은 한 사람을 통해 훨씬 더 많은 일을 하실 수 있음을 웨슬리는 아주 잘 이해하고 있었던 것이다. 웨슬리가 깨어진 사람들을 그를 돕는 사역의 조력자로 구한 것도 바로 그 때문이었다.

끝으로 찰스 피니(Charles G. Finney)의 예를 살펴보자. 피니는 1792년 코네티컷주에서 태어났다. 그는 성장해서 법률가가 되었는데 기독교와 예수 그리스도의 진리에 대해 매우 회의적이었다. 그러나 1821년 하나님은 그를 믿음으로 인도하셨을 뿐 아니라 그를 철저히 깨뜨리셨다. 피니의 문제는 자존심이었는데 하나님은 그의 자존심을 완전히 깨뜨려서 그를 먼지 같은 존재로 하나님 앞에 무릎 꿇게 했다. 얼마 지나지 않아 피니는 예수님을 전하기 시작했으며 뉴잉글랜드 지역을 순회하며 부흥집회를 열었다. 그의 부흥집회에서는 종종 주님의 권능이 너무나 강하게 역사해서 모든 참석자가 무릎 꿇고 기도하며 그들의 죄를 회개하였다.

피니의 부흥집회는 집회가 열린 지역사회에 큰 영향을 미쳐서 10년이 지난 후에도 하나님의 권능이 여전히 미치는 것을 느낄 수 있었다. 믿지 않는 자들이 피니가 10년 전에 부흥집회를 열었던 타운에 들어서는 순간 죄를 깨닫고 회심하였다는 간증들도 있다.

제임스 로슨(James G. Lawson)의 저서 "유명한 그리스도인들의 더 깊은 체험"에 의하면 1857-1859년 기간 동안 피니의 부흥집회를 통해 60만 명의 영혼이 예수 그리스도를 영접하는 놀라운 역사가 있었으며, 라이만 비처(Lyman Beecher) 박사는 이를 두고 "역사상 가장 위대한 하나님의 역사하심이자 신앙의 부흥"이었다고 기록했다. 피니는 사람들의 마음 속에 거룩한 삶을 살겠다는 결단의 불을 지핌으로써 회심한 60만 명 가운데 85 퍼센트가 넘는 사람들이 수년이 지난 후에도 예수 그리스도에 대한 믿음을 지키고 있었음이 기록으로 남아 있다.

피니가 부흥 집회를 위해 뉴욕주 유티카에 머물 때 그는 한 공장을 방문하였는데 그곳에서 한 노동자가 그를 알아보았다. 단지 피니와 마주쳤을 뿐인데도 이 노동자는 죄에 대해 깊이 깨닫고 회심하여 그 자리에서 무릎 꿇고 눈물을 흘리기 시작했다. 그러자 다른 노동자들도 하나 둘

씩 무릎을 꿇었고 급기야 많은 노동자가 그들의 죄로 인해 눈물 흘리며 하나님께 부르짖게 되었다. 공장은 작업이 중단되었으며, 피니는 이들을 위해 주님의 사랑과 용서에 대해 설교를 하였다.

바로 이것이 하나님의 깨뜨림을 받은 사람들을 통한 하나님의 놀라우신 권능의 역사이다. 하나님은 모세 시대에도 그랬고 무디와 웨슬리, 그리고 피니 시대에도 동일하게 깨뜨림을 통해 일하셨다. 나는 하나님이 이전에 그랬던 것처럼 지금도 공장과 마을과 온 나라를 휩쓸기를 갈망하고 계신다고 확신한다. 오늘날 비록 온갖 지옥의 세력들이 이를 방해하고 있지만 나는 그러한 하나님의 부흥운동이 여전히 가능하다고 확신한다.

나는 그때 그들이 경험했던 하나님의 권능이 오늘날에도 일어날 수 있다고 확신한다. 나는 하나님이 이들의 사역을 통해 행하셨던 것처럼 오늘날에도 하나님의 영이 역사하기를 애타게 기다리신다고 확신한다. 그러나 이 모든 일들은 이에 필요한 대가, 즉 깨어짐의 대가를 기꺼이 감당하려는 하나님의 사람들이 나타나야 한다.

깨어진 하나님의 사람들이라고 해서 모두가 또 다른 피니나 무디가 될 수는 없다. 그러한 사역은 하나님의 주권적 뜻과 계획의 영역에 속한다. 그러나 하나님의 깨뜨림을 받은 사람들은 누구나 그들의 삶 가운데 하나님과의 새로운 친밀감, 사람들과의 새로운 차원의 관계 그리고 사역을 위한 새로운 힘을 경험하게 될 것이다. 하나님은 이 믿음의 자녀들에게 그들이 알지도 꿈꾸지도 못할 정도로 큰 주님을 위한 사역의 결실을 부어 주실 것이다.

성도의 사역 활동과 진정한 영적 능력 – 즉 삶을 깨뜨리시는 하나님으로부터 주어지는 권능 - 간에는 큰 차이가 존재한다. 우리가 더 많이 깨어질수록 더 의미있게 쓰여질 수 있고, 하나님의 깨뜨림을 더욱 온전히 받아들일수록 하나님은 우리를 더 사용하실 수 있으며 또 사용하실 것이다. 어느 누구도 사도 바울과 같은 깨어짐을 경험하지 못했으며, 따라서 그 누구도 바울이 예수 그리스도를 위해 이 세상에 끼친 만큼의 영향을 끼치지는 못한 것이다. 깨어짐과 하나님을 향한 거룩한 쓰임은 이제까지 그래 왔고 또 앞으로도 언제나 서로 맞물려 함께 갈 것이다.

깨어짐은 정말 가치 있는 것일까?

나는 하나님이 질이 태어나기 이전으로 시간을 되돌려서 나에게 그녀의 완전한 건강과 나의 깨어짐 중 하나를 선택하도록 제안하실 경우, 내가 과연 어떤 선택을 할지 종종 고민한 적이 있다. 주님께서 질의 아픔을 통하여 나의 삶과 나의 가족, 그리고 나의 사역에서 이루신 것들을 생각해 보면 나의 바른 선택은 솔직히 다음과 같은 것이어야 함을 나는 안다.

> "주님, 주님은 실수하지 않으십니다. 당신이 처음 정했던 그대로 하소서. 그 결과들은 그 과정을 감내할 가치가 있었습니다."

그러나 육신의 연약함으로 인해 나는 잘못된 선택을 하였을 것이다. 그 잘못된 선택의 결과로 주님을 향한 나의 사역이 실제 이루어진 것의 그림자에 불과할 정도로 초라해진다고 할지라도 나는 딸의 완전한 건강을 선택하였을 것이다. 아마 이것이 주님이 나에게, 혹은 깨어짐을 겪고 있는 많은 사람들에게 이런 제안을 하시지 않는 이유일 것이다.

그렇다면 정말로 결과가 고통스러운 과정을 감내할 만한 가치가 있었던가? 나는 아직 최종 결과를 본 것은 아니지만 지난 12년간 내가 겪은 것을 돌아보면 정말 감내할 만큼의 가치가 있었다고 확신할 수 있다. 딸이 태어나기 전까지는 내가 상상할 수조차 없었던 방식으로, 하나님은 당신의 영광을 위해 나의 삶을 사용하셨다. 그녀로 인해 맥클린 바이블 교회는 장애인, 특히 장애 아동을 위한 사역에 있어 미국에서 가장 모범적인 교회 중 하나가 되었다. 우리는 매달 수백 명의 장애 아동과 그들의 가족을 위한 사역을 통해 그들을 지원하고 격려하기 위한 상상할 수 있는 모든 돌봄 서비스를 제공하고 있다.

우리는 이제 장애 아동과 가족을 위한 예수님 중심의 야간교대 돌봄센터 설치를 준비하고 있다. 동 센터는 미국 최초이며 이를 모델로 하여 전국적인 네트워크로 발전하기를 희망한다. 이러한 일은 하나님이 질을 통해 은혜를 주지 않으셨다면 가능하지 않았을 것이다. 나는 질을 통해 비로소 장애 아동과 그들의 가족이 매일같이 직면하는 특별한 필요에 눈을 뜰 수 있었다.

"목사님, 정말 멋진 일이네요. 하지만 질이 평생을 고통 가운데 살아야 함으로써 목사님이 더 큰 하나님의 종이 될 수 있고 하나님의 계획이 실행될 수 있게 된다는 것은 너무 불공평하지 않나요?"라고 누구라도 쉽게 질문할 수 있을 것이다.

나라고 그런 생각이 들지 않았겠는가! 나는 셀 수 없을 만큼 많이 이 질문을 했다. 그리고 다음이 나의 대답이다. 딸아이는 자신이 장애를 가졌는지 알지 못한다. 그녀는 만족하고, 행복하며, 그리고 엄마와 아빠가 그녀를 깊이 사랑하고 있다는 것을 안다. 그 아이는 오빠들, 돌봄 봉사자들, 그리고 그녀를 아는 수백 명의 교회 성도들이 그녀를 사랑하고 있음을 이해한다. 질이 필요로 하는 모든 것이 충족되고 있으며 그녀는 더 이상 바랄 것이 없다. 만일 질이 말을 할 수 있다면 그녀는 우리가 생각하는 것과는 달리 그녀 인생의 불공평을 느끼지 못한다고 말할 것이다.

보다 중요하게, 나는 하나님이 행하시는 우리에 대한 모든 결산이 이 땅에서 끝나지 않는다는 성경 말씀을 믿는다. 이 땅이 아닌 하늘에서 이루어지는 결산이 있다. 나는 질의 질환이 사고나 운명의 장난이 아니라, 그녀와 나의 삶에 대한 하나님의 완벽한 계획이라고 믿는다. 그리고 나는 하나님의 큰 보상이 하늘에서 그녀를 기다리고 있다고 믿는다. 왜냐하면 그녀는 하나님이 선택한 삶을 기꺼이 살아내어 이 땅에서 하나님의 뜻하신 바가 실현될 수 있도록 했기 때문이다. 하늘에서 질은 영원히 치유되고 온전해질 뿐 아니라 나는 그저 상상할 수밖에 없는 그런 하늘의 보상을 누리게 될 것이다. 하나님은 질을 높이실 것이고, 이 땅에서 질을 섬겼던 우리 모두는 우리가 그렇게 행하였음을 하늘에서 진실로 기뻐할 것이다.

또 누군가는 다음과 같이 질문할 것이다.

"목사님은 아주 단순한 사람이군요. 질의 병과 그에 수반되는 고통과 같이 아주 복잡 미묘한 것들을 한 사람이 그렇게 군더더기 없이 서로 연결시켜 설명할 수 있는 것일까요?"

우리 삶에 대한 하나님의 답은 성경에 있는 것처럼 종종 아주 단순한 것임을 나는 믿는다. 모든 것은 하나님의 약속의 말씀을 믿고 온 마음을 다해 하나님을 신뢰하는 데 달려 있다.

잠언 3장 5-6절을 보면 "너의 마음을 다하여 주님을 의뢰하고, 너의 명철을 의지하지 말아라. 네가 하는 모든 일에서 주님을 인정하여라. 그러면 주님께서 네가 가는 길을 곧게 하실 것이다"라고 기록되어 있다.

이것은 수천 년에 걸쳐 하나님의 사람들에게 적용되어 온 단순하지만 강력한 방법이다. 여러분이 원한다면 보다 복잡하게 만들 수도 있을 것이다. 그러나 나는 주님께서 말씀하신 것처럼 이 길을 따를 것이다.

나눔을 위한 질문

1. 값진 결과를 얻기 위해 어렵고 힘든 과정을 감내해야 한다는 생각을 받아들이기 위해서는 어떤 삶의 자세와 접근이 필요하다고 생각하는가? 이와 같은 삶의 자세를 당신은 어느 정도 받아들이고 있는가? 이를 좀더 받아들이기 위해 무엇을 어떻게 개선할 수 있을까?

2. 당신과 하나님과의 관계는 얼마나 친밀하다고 말할 수 있는가?

3. 인간관계에 대한 다음의 특징들에 대해 스스로를 평가한다면 자신에게 몇 점을 줄 수 있을까? (최대 10점부터 최소 1점까지)

   a. 다가가기 쉬움(Approachability)

   b. 가르침을 받음(Teachability)

   c. 사람들에 대한 민감함(Sensitivity to people)

   d. 자기 영역을 주장 않음(Turflessness)

   e. 용서의 마음 (Forgiving spirit)

4. 이 세상에서 성령의 역사하심이 왜 이전에 비해 오늘날 잘 눈에 띄지 않는지에 대해 이 책을 읽기 전 당신의 생각은 어떠했나? 이 책이 이전의 당신의 생각에 어떤 영향을 주고 변화를 가능하게 했나?

· 맺는 말 ·

저 높은 곳을 향하여

교회는 그들의 삶에서 살아 역사하시는
전능하신 하나님의 권능과 기름 부으심을 경험한
강한 리더들로 축복받을 때 가장 왕성했다.

~오스왈드 샌더스의 "영적 리더십 (Spiritual Leadership)" 중에서~

지난 25년의 목회 기간 동안 나는 다양한 나이, 인종 및 사회경제적 지위에 있는 사람들의 장례 예배 인도를 요청받아 왔다. 보통 유가족들에게 고인이나 고인의 친인척에게 특별히 의미가 있는 찬송가를 정해 달라고 부탁한다. 확신하기는 대부분의 사람들이 선택하는 찬송가는 '내 평생에 가는 길'이다.

이 찬송가가 쓰여진 배경은 깨어짐에 대한 공부의 결론으로 아주 적합하다. 왜냐하면 부서지는 경험 없이 이 찬송은 절대로 만들어질 수 없었기 때문이다. 가사를 쓴 호레이쇼 게이츠 스패포드(Horatio Gates Spafford, 1828-1888)는 당시 시카고의 잘나가는 변호사이자 부동산 개발업자였다. 그는 신앙심이 깊은 아내 안나(Anna)와 9개월에서 9살까지인 네 딸과 함께 살고 있었다. 스패포드와 안나는 함께 성경 공부반 학생이었으며 예수 그리스도에 대한 개인적인 깊은 믿음을 갖고 있었다. 또한 그들은 활발한 자선활동으로 시카고 전역에서 시민들에게 잘 알려져 있었다.

호레이쇼 스패포드는 당시 가장 성공적인 복음 전도사였던 무디의 친한 친구이자 열렬한 후원자였다. 스패포드와 안나는 풀러톤 애비뉴 장로교회를 개척하는 데 참여하였고 이후에도 신실하게 교회를 섬기고 있었다. 교회 장로인 스패포드는 교회의 여러 사역을 맡고 있었다. 그는 미국 노스웨스트 장로교 신학대학의 이사장직을 두 번이나 역임했으며, 무디와 함께 시카고 지역의 비즈니스 및 전문 직종 종사자들을 대상으로 주중에 하는 '정오의 기도 모임'을 만들어 크게 부흥시키기도 하였다. 1870년 스패포드는 무디의 부채 문제를 해결해줌으로써 그가 전임 목회자로 헌신하며 설교자로서의 삶을 걸어갈 수 있도록 했다. 그리고 1871년 시카고 대화재 당시 스패포드 부부는 수개월 간 구제지원위원회 소속으로 일했으며 화재 이재민을 그들의 집에서 살도록 하기도 하였다.

1873년 스패포드 부부는 유럽으로 가족 휴가를 떠나기로 결정하여 당시 최고급 증기 여객선인 빌르 드 아브르 편을 예약하였다. 그러나 출발 직전에 스패포드는 한 사람으로부터 시카고 지역의 토지를 구매하겠다는 제안을 받았다. 그는 아내와 네 딸을 먼저 영국으로 보낸 다음에 프랑스에서 가족과 합류하기로 하였다.

그의 가족이 탄 여객선은 여러 날 동안 대서양을 항해하던 중 한밤중에 한 화물선과 충돌하여 불과 12분 만에 물 속으로 가라앉았다. 안나는 그녀의 네 딸과 함께 침몰하는 배의 갑판에 서로를 붙들고 버텼다. 그러나 몰아치는 파도로 그녀는 네 딸을 모두 놓쳐버렸고, 의식을 잃은 채 배 파편에 의지하여 거의 한 시간을 표류하다가 구조되었다. 네 딸의 시신은 끝내 찾지 못했다. 그녀는 웨일즈에 도착한 후 "홀로 구조됨"이란 두 글자의 전보를 시카고에 남아 있던 남편에게 보냈다.

호레이쇼 스패포드는 어떤 말로도 위로 받을 수 없었다. 그는 시카고 대화재로 거의 전 재산을 잃었고 이제는 바다가 그의 네 딸을 빼앗아 갔다. 이들의 죽음은 그를 혼란에 빠뜨렸다. 그와 안나가 도대체 무엇을 잘못했기에 이런 비극적 고통을 겪어야 하는가? 안나를 만나러 대서양을 건너가면서 스패포드는 선장에게 그의 딸들이 물에 빠진 지점에 이르면 알려줄 것을 부탁했다. 1873년 12월 밤 2시경 스패포드를 태운 배는 그의 네 딸이 수장된 지점을 지나가게 되었다. 갑판에 선 채 그는 코트 주머니에 있던 편지 봉투를 꺼내 어두운 불빛 아래서 떠오르는 생각들을 적어 내려가기 시작했다.

   내 평생에 가는 길 순탄하여 늘 잔잔한 강 같든지
   큰 풍파로 무섭고 어렵든지 나의 영혼은 늘 편하다
   내 영혼 평안해 내 영혼 내 영혼 평안해

   저 마귀는 우리를 삼키려고 입 벌리고 달려와도
   주 예수는 우리의 대장 되니 끝내 싸워서 이기겠네
   내 영혼 평안해 내 영혼 내 영혼 평안해

   내 지은 죄 주홍빛 같더라도 주 예수께 다 아뢰면
   그 십자가 피로써 다 씻으사 흰 눈보다 더 정하겠네
   내 영혼 평안해 내 영혼 내 영혼 평안해

   저 공중에 구름이 일어나며 큰 나팔이 울려날 때
   주 오셔서 세상을 심판해도 나의 영혼은 겁 없겠네
   내 영혼 평안해 내 영혼 내 영혼 평안해

  유명한 작곡가 필립 브리스(Philip Bliss)가 스패포드가 쓴 시에 곡을 붙임으로써 '내 평생에 가는 길' 찬송가가 완성되었으며 곡이 나오자마자

전 세계 크리스천들이 애창하는 찬송가가 되었다.

하나님은 삶이 송두리째 부서지는 깨어짐의 경험을 사용하시어 1873년부터 지금까지 수많은 영혼들에게 위로와 위안을 주는 찬송가를 만드신 것이다. 다시 한 번 말하지만, 이 찬송가는 성공이 아니라 애끓는 죽음과 고통으로 만들어진 것이다. 깨어짐의 태중에서 태어났다. 이것이 바로 이 책을 통해 전하고자 하는 메시지이다. 하나님의 가장 위대한 사역들은 호레이쇼 스패포드와 같은 깨어진 사람을 통해서 이루어진다.

이 비극적 경험은 스패포드 부부를 영원히 바꾸어 놓았다. 안나는 침몰 사고 때 그녀가 딸들과 함께 죽지 않은 데는 이유가 있음을 알았다. 그래서 그녀는 그녀의 남은 삶을 예수 그리스도께 바치게 되었다. 사고 직후 스패포드는 다음과 같은 글을 남겼다.

오래도록 나는 당신께 감히 말하지 못했습니다.
오 주님, 당신의 뜻대로 나를 사용하소서.
그러나 이제 당신의 사랑이 너무도 분명하게 보이니,
나는 더이상 어떤 슬픔에도 움츠러들지 않습니다.

메모

마지막 권고

나는 이 책을 읽고 있는 독자분들께 다음과 같은 도전을 드리며 이 책을 마무리하려 한다: 교회사람(churchianity)의 그늘에서 벗어나서 하나님의 진정한 권능과 쓰임 받음으로 나아가야 한다. 나는 오늘날 만연되어 있는 안위 위주의 기독교 브랜드(play-it-safe brand of Christianity)를 거부하고 예수 그리스도의 권능을 나타내었던 사람들이 가졌던 하나님에 대한 완전한 복종을 당신도 따라 나서기를 권한다. 당신의 삶이 진정으로 유용하고 중요하게 쓰임받을 수 있도록 하나님이 당신의 깨어짐을 요구하실 때 그것이 비록 힘들지라도 기꺼이 받아들일 것을 강권한다.

하나님의 깨어짐을 받은 사람들은 어느 누구도 그것을 후회하지 않았음을 기억하기 바란다. 무디는 "나는 당신이 이 세상 전부를 내게 준다고 하더라도 축복받은 그 경험 이전으로 돌아가지 않을 것이다"라고 했다.

사도 바울은 "그러므로 그리스도의 능력이 내게 머무르게 하기 위하여 나는 더욱더 기쁜 마음으로 내 약점들을 자랑하려고 합니다"(고린도후서 12:9b)라고 말했다.

만약 당신이 지금 깨어짐을 경험하는 중이고, 그것이 인간적으로 너무나 암울하게 생각되고 너무 힘들기 때문에 하나님이 주시는 깨어짐을 받아들이기를 두려워하고 있다면, 여기에 하나님이 당신에게 주시는 메시지가 있다: 오직 내가 너를 위해 준비한 선물만을 바라보아라. 그 결과는 과정을 감내할 만한 충분한 가치가 있음을 기억하라. 깨어짐은 더 높은 곳에 이르는 길이다.

당신은 하나님이 어떻게 이 모든 것을 지나가게 하시는지 볼 수 없을지 모르지만 성경에 쓰여진 변함 없는 진실 – "거짓이 없으신 하나님께서 약속해 두신…"(디도서 1:2) – 에 의지하며 평안을 찾기 바란다. 어느 누구에게도 거짓말을 하지 않으신 하나님이 당신에게만 거짓말을 시작하지는 않으실 것이다. 하나님은 깨어짐에 관한 당신과의 약속을 지키실 것이다.

우리가 흔들리지 않는 신뢰를 갖고 하나님과 동행한다면 하나님께서는 승리의 길로 우리를 인도하실 것이다. 하나님은 주저함 없이 주를 신뢰하는 자를 실패하게 한 적도, 실패하게 할 수도 없다.

> 주님, 주님께서 나를 수렁에서 건져 주시고, 내 원수가 나를 비웃지 못하게 해 주셨으니, 내가 주님을 우러러 찬양하렵니다… 밤새도록 눈물을 흘려도, 새벽이 오면 기쁨이 넘친다… 주님께서는 내 통곡을 기쁨의 춤으로 바꾸어 주셨습니다. 나에게서 슬픔의 상복을 벗기시고, 기쁨의 나들이옷을 갈아 입히셨기에 내 영혼이 잠잠할 수 없어서, 주님을 찬양하렵니다. (시편 30편, 발췌)

하나님이 본인들을 다시 만드실 수 있도록 깨뜨리시는 것을 받아들이는 모든 그리스도인들에게 하나님은 이 시편의 고백과 동일한 말씀을 주실 것이다. 하나님께서는 당신에게 그의 영광을 허락하시어서 주님을 믿고 저 높은 곳을 갈망하기를 원하신다. 하나님께서 당신에게 아브라함과 같은 용기를 주시어서 깨어짐에 대한 하나님의 부르심과 당신을 돕겠다는 그의 약속만을 붙들고 미지의 땅으로 나아갈 수 있기를 기도한다. 비록 당신에게는 그 미지의 땅이 생소할지 모르지만, 당신을 부르신 하나님은 모든 것을 알고 계신다. 오래된 찬송가의 가사에도 "주님은 광야를 지나가는 길을 아시네. 오직 나는 주님 붙잡고 따르리"라고 하지 않았던가.

나는 높은 이 길을 싸우며 나아갑니다
날마다 더 높은 곳으로 나아갑니다
나아가면서 쉬지 않고 기도하오니
"주여 내 발을 저 높은 곳에 세우소서"

의심과 근심이 끊이지 않는 곳에
내 맘은 있으려 하지 않으며
사람들 비록 그곳에 머물러도
나의 기도, 나의 향함은 오직 저 높은 곳뿐이네.

저 높은 곳까지 오르리라
영광의 빛을 보리라

하늘나라 찾을 때까지 쉬지 않고 기도하오니
"주여 내 발을 저 높은 곳에 세우소서"

주여 나를 들어 우뚝 세우소서
오직 믿음으로 하늘나라 저 높은 곳까지
내가 아는 그 어떤 것으로도 오를 수 없네
주여 내 발을 저 높은 곳에 세우소서

"저 높은 곳을 향하여" 중에서 (찬송가 491장),
존슨 오트만 주니어 (Johnson Oatman Jr)

감사의 말

나는 이 책의 출판이 이루어질 수 있도록 도와준 모든 사람들에게 감사드린다. 먼저 나의 특별한 막내딸 질에게 감사한다. 나는 딸 질을 통하여 이 책이 기초하고 있는 값진 교훈을 배웠기 때문이다. 그래서 그녀에 대한 감사는 아무리 해도 부족하다.

나의 아내 브렌다는 항상 나를 격려하고 지원하여 주었다. 나는 그녀에게 평생 감사할 것이다. 또한 나의 세 아들 제임스, 저스틴, 존에게 지난 13년간 함께 풍랑을 헤쳐오면서 같은 편에 서서, 날 이해해 주며 참아준 것에 감사한다. 그리고 나의 친구이며 출판을 맡은 그렉 비스티카에게 고마움을 전한다. 그의 열정과 수고가 있었기에 이 책이 빛을 볼 수 있었다. 내가 출판용 원고를 준비하는 데 있어 그의 편집 도움이 절대적이었다.

노스캐롤라이나주 채플힐에서 신실하게 노방설교를 했던 밥 에카트에게도 감사를 드린다. 1971년 주님이 그를 내게 보내 주셨다.

나는 또한 다른 많은 이들이 나를 택하지 않았을 때에 젊은 하나님의 종이었던 나를 믿고 주님을 섬길 기회를 주었던 분들, 밥 포터 목사님, 윌리엄 섬머 박사님, 호머 히터 박사님, 허버트 피츠패트릭 박사님, 그리고 말린 벗치 하드만 목사님께 심심한 감사를 드린다.

그리고 나에 앞서 깨어짐을 주제로 귀한 책을 저술한 두 저자에게도 감사를 드린다. 먼저 와치만 니는 "영의 해방(The Release of the Spirit)"을 저술하였고, 찰스 스탠리 박사는 니의 저술을 이어받아 그의 설교 테이프 시리즈 "깨어짐(Brokenness)"을 만들었고 "깨어짐의 축복들(The Blessings of Brokenness)"을 저술했다. 두 저자는 나에게 이 책 저술을 위한 많은 영감을 주었다.

나의 오랜 친구 팀 라하예는 고비마다 이 작업이 계속될 수 있도록 나를 격려해 주었고 이 책의 서문을 써 주었다.

예수 그리스도를 향한 나의 사역의 굳건한 동역자로서 나를 지지해 준 조니 이렉슨 타다, 데이브 드라베키, 제리 팔웰 박사, 그리고 데이빗 브리크너에게도 감사의 마음을 전한다.

끝으로 나의 좋은 친구 댄 맥키논에게 고마움을 전한다. 그는 10년 넘게 꾸준히 나에게 이 책을 발간할 것을 권하고 응원해 주었다. 댄, 이제 그 책이 여기에 있네!

저자 소개

　론 솔로몬(Lon Solomon) 목사는 버지니아주 포츠머스에 있는 유대인 가정에서 태어났다. 그는 채플힐 소재 노스캐롤라이나 대학교에서 화학을 전공하였지만 대학 생활 동안 오히려 삶의 의미와 목적을 찾는 데 열중하였다. 그는 그 공허함을 클럽활동, 파티, 도박 등으로 채우려 애썼다. 그러다 심각한 음주 문제에 빠지기도 했다. 이 모든 것들이 그가 찾고 있던 그 내면의 평안을 줄 수 없음을 알게 되자 솔로몬 목사는 급기야 마약에 손대기 시작하여 복용자이자 판매책이 되었다.
　이후에 솔로몬 목사는 사이키델릭(psychedelics)과 같은 영적인 것들에게 눈을 돌렸다. 그는 동양의 종교를 체험하기도 하고 정통 유대교로 회귀하기도 했다. 이 모든 것이 실패하자 그는 자살만이 합리적인 출구라는 결론을 내렸다. 바로 그때 솔로몬 목사는 채플힐에서 예수그리스도에 대하여 그에게 말하기 시작했던 노방 전도자를 만났다. 솔로몬 목사는 그로부터 예수그리스도를 알게 되었으며 1971년 봄 몇 개월에 걸친 그와의 교류 끝에 예수그리스도를 자신의 구원자이자 메시아로 받아들이기로 결심하였다.

솔로몬 목사는 하나님의 회심시키는 능력(transforming power)이 실제로 나타난 놀라운 예이다. 솔로몬 목사가 예수님을 영접하기로 결심한 뒤 수년간 그의 인생을 망쳐 온 마약과 알코올을 끊을 수 있었다. 솔로몬 목사는 그 후 캐피탈 바이블 신학교(Capital Bible Seminary, 구약 전공)를 최우등으로 졸업했다. 그리고 존스 홉킨스 대학교 대학원에 진학하여 극동지역 연구를 공부하였다. 졸업 후 1975년부터 1980년까지 5년간 캐피탈 바이블 신학교에서 히브리어와 구약을 가르쳤다.

1980년 솔로몬 목사는 워싱턴 DC 인근 버지니아에 위치한 맥클린 바이블 교회(McLean Bible Church, MBC)의 담임목사로 부임하였다. 2004년 11월 현재 솔로몬 목사는 맥클린 바이블 교회에서 매주 1만 명이 넘는 성도를 대상으로 목회를 하고 있다. 맥클린 바이블 교회의 창의적인 목회 사례를 몇 가지 소개하면 다음과 같다:

- 프론트라인(Frontline): X세대를 타깃으로 하는 목회, 도입한 지 7년 만에 매주 참석 인원 2천 명으로 성장
- 더 하우스(The House): 워싱턴 DC 남동부 지역에 사는 10대들을 대상으로 하는 사역, 방과후 학교, 주말 및 하계 프로그램 등을 통해 이들의 영적 성장, 캐릭터 형성, 기술 연마 등을 지원
- 액세스(Access): 특별한 돌봄을 필요로 하는 장애 아동과 가족을 위한 사역으로 워싱턴 DC 지역에서 가장 큰 규모
- 더 개더링(The Gathering): 10대 후반부터 20대 초반까지의 청년층을 대상으로 하는 목회로 매주 500명 이상 출석

솔로몬 목사는 1987년 이후 줄곧 '예수님을 섬기는 유대인'(Jews for

Jesus) 기구의 이사회 멤버로 섬기고 있으며 현재는 집행위원회 의장직을 맡고 있다. 2002년 9월 조지 W. 부시 미국 대통령의 임명을 받아 '대통령 산하 지적장애 위원회'(President's Committee on Mental Retardation) 멤버로 부시 행정부에서 봉사하고 있다.

솔로몬 목사와 그의 아내 브렌다는 28년 전에 결혼하여 제이미, 저스틴, 조나단 그리고 질, 이렇게 4명의 자녀를 두고 있으며 버지니아주 페어팩스에서 살고 있다.

솔로몬 목사는 'So What?'이라는 제목의 30분짜리 라디오 방송 프로그램을 매주 일요일 진행하고 있으며, 워싱턴 DC 지역의 WAVA-FM(105.1), WASH-FM(97.1), WWZZ-FM(104.1), WBIG-FM(100.3), WMZQ-FM(98.7) 그리고 메릴랜드 동부 해안의 WGMD-FM(92.5) 등을 통해 청취할 수 있다. 또한 '설교가 아니라 단지 생각일 뿐(Not a Sermon, Just a Thought)'이라는 제목의 60초 길이의 라디오 스팟 프로그램을 진행 중이며 DC 지역의 10개 라디오 방송국을 통해 방송이 되고 있다. 이 스팟 프로그램은 예수님을 믿지 않는 청취자들에게 그들 삶을 위한 그리스도의 메시지를 그들이 이해할 수 있는 언어로 전달한다.

'So What?' 방송은 솔로몬 목사의 메시지의 정수를 보여준다. 성경은 21세기를 살고 있는 우리의 삶에 어떤 변화를 제공해 주는가? 목회자가 "그래서 어쩌라고" 또는 "어떻게" 라는 사람들의 질문에 답을 주지 못한다면 아무 쓸모가 없다고 그는 종종 말한다. 그의 실질적이고 유머있고, 성경 말씀을 현실 세계에 적용시킨 해법은 신선하고 흥미로우며 도전적이다. 솔로몬 목사의 말을 듣고 나면 당신은 "그래서 어쩌라고"라는 질문에 항상 답을 할 수 있게 될 것이다.

아우름(번역팀) 소개

와싱톤 한인교회 www.kumcgw.org (김유진 담임목사, 미국 버지니아 소재 미연합감리교회)와 와싱톤 사귐의 교회 www.kumckoinonia.org (김영봉 담임목사, 미국 버지니아 소재 미연합감리교회)의 아우름 사역팀(장애우 사역팀)의 팀원을 중심으로 구성된 번역팀은 미국 워싱턴 근교에 있는 McLean Bible Church의 설립자 겸 전 담임목사인 Lon Solomon 목사가 본인의 고통스러운 깨어짐의 과정을 성경과 기독교 인물들의 삶에 비추어 해석함으로써 미국 기독교인들의 영성에 깊은 영향을 주고 있는 본 책자를 함께 읽고, 번역하고, 수차례의 교정을 거치고, 클래스를 개설하여 함께 묵상하고 토론하는 과정을 통하여 번역을 완성하였다. 감수는 데이브레이크대학의 조교수인 한정민 박사가 담당하였다. 이 책을 통하여 삶의 무게로 인하여 고통받고 있는 이들에게 다가올 하나님의 위로와, 깨어짐을 통하여 날마다 새로워지고자 하는 사람들에게 임할 하나님의 은혜를 기대하면서 번역팀은 머리를 맞대고 가슴을 부비면서 지난 10개월 동안 함께하였다. 초벌 번역은 김성준, 감운안, 리뷰와 교정은 이택수, 최낙규, 유희경, 장돈식, 안영애, 이운봉, 구본삼, 이명수, 이가영, 이광숙, 김양균, 이미숙, 이인규, 이강우, 이예순 교우가 담당하였다. 한글 성경은 새번역판과 개역개정판이 책의 내용에 따라 선택적으로 사용되었다.